TERRAFUTURA

Biblioteca Aurelio Peccei

Luigino Bruni

Capitalismo infelice

Vita umana e religione del profitto

GIUNTI

Slow Food Editore

Università di Scienze Gastronomiche di Pollenzo
University of Gastronomic Sciences of Pollenzo

Volume raccomandato
dal WWF Italia

WWF Italia – ONG Onlus

www.giunti.it
editorinfo@slowfood.it – www.slowfoodeditore.it

Via Bolognese 165, 50139 Firenze – Italia
Piazza Virgilio 4, 20123 Milano – Italia

Via Audisio, 5
12042 Bra (Cn) – Italia

Prima edizione: settembre 2018

Impaginazione e redazione: Simona Corsi

Capitalismo infelice

Introduzione

Critica della ragione manageriale

Mircea Eliade, il grande antropologo bulgaro, nel suo classico saggio *Il sacro e il profano*, scriveva: «L'uomo moderno ha desacralizzato il suo mondo e ha deciso di vivere un'esistenza profana. Basterà constatare il fatto che la desacralizzazione caratterizza l'esperienza totale dell'uomo non-religioso delle società moderne» (1956, p. 16). Se Eliade fosse vissuto oggi, molto probabilmente non avrebbe scritto questa frase, perché si sarebbe accorto che il capitalismo del XXI secolo sta ri-sacralizzando il mondo, sebbene in un modo tutto nuovo e diverso dal mondo sacro di cui parlava Eliade. E, quasi certamente, la neo-sacralizzazione del nostro tempo Eliade e i suoi colleghi del Novecento l'avrebbero chiamata *neo-idolatria*.

Questo saggio analizza e discute alcune delle dimensioni del nuovo *spirito* dell'economia del nostro tempo – un'economia che continuo a chiamare *capitalismo*, in mancanza di una parola sintetica più efficace, ben consapevole che tra quanto chiamiamo oggi capitalismo e quello che abbiamo conosciuto nei due secoli precedenti, ci sono molte differenze, alcune così radicali (per esempio la finanza e la rivoluzione del web) da renderci molto complicata la scelta di usare la stessa parola.[1] Esso è quindi una riflessione su ciò che non vediamo (gli spiriti sono invisibili), che non vogliamo vedere o che il sistema non ci fa vedere, ma di cui subiamo le conseguenze soprattutto in termini di gioia di vivere, il cui calo sembra essere una nota dominante del nostro capitalismo – e da qui il titolo del libro.

La dimensione religioso-sacrale del capitalismo non è cosa nuova. Prima che Max Weber o Karl Marx ce lo dicessero chiaramente, e ciascuno a modo suo, all'inizio dell'Ottocento il francese Claude-Henri de Saint-Simon immaginò e realizzò una vera e propria religione degli imprenditori, dei capitalisti e della scienza, che ebbe un notevole successo e adepti in tutta Europa.[2] La nuova religione di Saint-Simon era universale e laica; i sommi sacerdoti erano gli scienziati, gli ingegneri, gli industriali. Da Marx fu annoverato tra gli autori utopici. Ma, in realtà, se leggiamo bene le sue idee e il suo movimento, dovremmo dire che più che di utopia si trattava di una sorta di strana profezia, se pensiamo a cosa è diventato oggi quel capitalismo che il filosofo francese osservava nella prima fase del suo sviluppo. Con alcune differenze però: l'alleanza

[1] Al capitalismo e alla sua dimensione religiosa ho dedicato diversi lavori. In lingua italiana: *Il mercato e il dono* (Egea, 2015) e *La pubblica felicità* (Vita e Pensiero, 2018).

[2] In una famosa lettera scriveva: «La notte scorsa ho udito queste parole: "Roma rinuncerà alla pretesa di essere il centro della mia chiesa; il papa, i cardinali, i vescovi e i preti cesseranno di parlare in mio nome... Sappi che Io ho fatto sedere Newton al mio fianco e gli ho affidato la direzione dell'intelligenza umana e la guida degli abitanti di tutti i pianeti... Ogni consiglio farà costruire un tempio che ospiterà un mausoleo in onore di Newton... Ogni fedele che risiede a meno di un giorno di cammino dal tempio scenderà una volta all'anno nel mausoleo di Newton. [...] Nei dintorni del tempio saranno costruiti laboratori, officine, e un collegio. Ogni lusso sarà riservato al tempio..."» (*Lettere di un abitante di Ginevra ai suoi contemporanei*, 1803).

tra tecnica e capitale, al tempo di Saint-Simon ancora incipiente, oggi si è potenziata e radicalizzata, ma non sono stati gli ingegneri e i produttori a diventarne i sacerdoti. Il loro posto lo hanno preso i finanzieri e soprattutto i manager, e al centro del tempio non c'è il dio-produttore ma il dio-consumatore.

Niente più dell'ideologia del business sta infatti dominando il nostro tempo. Un'ideologia prodotta e generata nelle *business school* di tutto il mondo, che conosce un enorme successo perché non si presenta come un'ideologia o religione (qual è), ma come una tecnica, e quindi di portata universale. Gli stessi strumenti del management si applicano a Dallas e a Nairobi, a Milano e in Siberia, perché le tecniche non sono dipendenti dalla cultura e dal carattere dei popoli: un'automobile o una lavastoviglie funzionano allo stesso modo in tutto il mondo, con qualche attenzione per le gomme e per il liquido anti-gelo. Così gli stessi strumenti di management dovrebbero funzionare allo stesso modo per le multinazionali capitalistiche e per le comunità di suore, perché, si dice, sono tutte aziende e in quanto tali sono tutte uguali. Sotto l'universalismo della tecnica si veicola allora una visione del mondo, dell'individuo, delle relazioni sociali. Una visione che, come tutte le religioni, ha i suoi dogmi. I principali si chiamano *meritocrazia* e *incentivi*. Con la meritocrazia, ad esempio, si legittima la diseguaglianza, perché i talenti non sono interpretati come dono ma come merito individuale. Un dogma da cui deriva la sempre più pervasiva idea che i poveri sono demeritevoli e quindi colpevoli, e in quanto tali non abbiamo nessun obbligo morale di soccorrerli – al massimo possiamo pagare qualche Ong per occuparsene in modo che non ci diano troppo fastidio.

In nome della tecnica questa ideologia-religione-idolatria sta entrando nella politica, nella scuola, nella sanità, nelle chiese. E con essa sta avanzando una visione striminzita e rimpicciolita della persona, depotenziata di virtù e motivazioni intrinseche. E con essa si sta affermando una visione ridotta e intristita delle organizzazioni e delle imprese.

La prima regola del capitalismo del XXI secolo postula una netta e rigida *separazione* tra il regno del business e il regno della vita privata. Una separazione o dicotomia che ha una prima grande area di applicazione nel rapporto tra la logica dell'impresa (for-profit) e la logica delle organizzazioni non economiche (o non-profit): «business is business» e «gift is gift». Ma esiste anche un parallelo all'interno delle imprese capitalistiche: la logica e il linguaggio delle relazioni d'impresa non sono e non devono essere la logica e il linguaggio delle relazioni al di fuori dell'impresa.

Esiste, dunque, un unico progetto separatore nello "spirito" del capitalismo globale di derivazione anglosassone, dentro e fuori le imprese, nei mercati, nella società, e dentro le organizzazioni. Ma, mentre in questa fase dove da più parti si sta riflettendo, a volte anche in profondità, sull'insostenibilità dei modelli economici e finanziari che abbiamo messo in piedi negli ultimi decenni, c'è un aspetto che è troppo trascurato se lo mettiamo in rapporto al peso che essa ha nella nostra vita politica, nella democrazia, nel nostro star bene e star male. È la *cultura manageriale delle organizzazioni*, che sta diventando una vera e propria ideologia globale, sviluppata e insegnata nelle principali università e *business school*, e implementata capillarmente dalle multinazionali e dalle società globali di consulenza.

Un'ideologia che sta entrando in molti ambiti della vita

sociale, anche perché è stata capace di riciclare – come ci hanno ricordato Ève Chiapello e Luc Boltanski nel loro *Il nuovo spirito del capitalismo* (2015) – molti dei codici simbolici che la civiltà occidentale ha nei millenni associato alla vita buona e alla ricchezza, e, paradossalmente, anche molte idee dei suoi critici. E così, senza batter ciglio (etico), accettiamo che le nostre relazioni siano sempre più immerse e gestite da questi nuovi attori globali. I social network e media nei quali viviamo e dove si svolge ormai una buona parte della nostra vita relazionale sono governati a scopo di lucro da imprese leader nel produrre e diffondere questa nuova cultura.

Ma nelle mura di queste imprese iniziano a comparire delle crepe che andrebbero prese molto più sul serio. Stiamo infatti registrando una crescente fragilità relazionale ed emotiva dei dipendenti e dirigenti delle imprese, soprattutto di quelle grandi e globali. È forte la crescita dell'uso di psicofarmaci tra i manager, che cresce insieme ad ansia, depressione, stress, insonnia. Dirigenti brillanti e di successo una mattina si svegliano e si ritrovano senza più energie per alzarsi dal letto. È la sindrome nota con il temine inglese *burn-out*, che letteralmente significa "bruciato", qualcosa di più complicato del "vecchio" esaurimento. Ormai molte imprese multinazionali inseriscono il *burn-out* nello sviluppo normale di una carriera di un manager, poiché è una tappa che sta diventando inevitabile per come viene concepito, pianificato, incentivato questo tipo di lavoro. Esso è quindi soprattutto un segnale della sua insostenibilità – ma non si dice. E così al primo *burn-out* ne segue un altro e poi altri ancora, perché dopo la cura si torna dentro le stesse relazioni, nella stessa cultura patologica che produce malessere.

Le vittime preferite di questa nuova epidemia dei ricchi sono i consulenti nelle imprese multinazionali, gli analisti della finanza, avvocati e commercialisti dei grandi studi legali e professionali e soprattutto un gran numero di manager e dirigenti di grandi imprese, banche, fondi, assicurazioni; ma ci sono segnali preoccupanti anche nelle pubbliche amministrazioni, nelle Ong, nell'economia sociale, nelle chiese e in alcune opere nate da carismi religiosi, per la pervasività di questa ideologia manageriale che ormai si insegna in tutte le università, nelle *business school* e negli MBA di tutto il mondo, presentata come il nuovo Vangelo sociale del XXI secolo: Saint-Simon sta esultando nella tomba.

Alla radice di questo nuovo malessere lavorativo si trova un vero e proprio paradosso.

Una legge aurea di questa cultura manageriale e organizzativa è il divieto di mescolare i linguaggi e le emozioni della vita privata con quelli della vita d'impresa. Parole come dono, gratitudine, amicizia, perdono, gratuità, che tutti riconosciamo essere i fondamentali delle relazioni famigliari, sociali, comunitarie, devono essere tenute assolutamente fuori dai luoghi di lavoro, perché improprie, inefficienti, e soprattutto pericolose. Se andiamo oltre la retorica dei team e delle squadre di lavoro e guardiamo bene dentro le dinamiche reali di queste nuove imprese capitalistiche, troviamo dirigenti sempre più soli che interagiscono con altri individui soli, in rapporti funzionali e frammentati con tanti partner e responsabili che variano in base al *task* e al contratto. In queste organizzazioni c'è più gerarchia di quelle tradizionali, anche se si presentano con un look partecipativo.

Ma mentre queste nuove imprese da una parte coltivano comportamenti di separazione,[3] dall'altra quando devono selezionare e poi motivare i dirigenti utilizzano invece parole tipiche degli ambiti famigliari, amicali, ideali, etici, religiosi. Si parla di stima, di merito, di rispetto, di passione, di lealtà, di fedeltà, di riconoscimento, di comunità; parole e codici che attivano nella persona le stesse dinamiche apprese e praticate nella vita privata, religiosa e famigliare. Lo stesso impegno richiesto, le stesse passioni in gioco.

Se facciamo un piccolo passo indietro nella storia, scopriamo che la prima metafora relazionale che ha ispirato le prime imprese nella modernità è stata la *comunità*. Le prime botteghe artigiane, e poi le imprese famigliari tra Otto e Novecento, hanno costruito organizzazioni sul paradigma relazionale della famiglia e della comunità, anche per il grande peso, sociale ed economico, che nel Medioevo hanno avuto le comunità monastiche e i conventi. Comunità gerarchiche (e paternaliste), ma pur sempre comunità. Poi, sempre in Europa, abbiamo avuto nella seconda metà del Novecento la metafora politica: le imprese, soprattutto le grandi, riproducevano la lotta di classe tipica di quel tempo, e la fabbrica era una foto della società politica, dei suoi conflitti e delle sue cooperazioni.

Nelle imprese tradizionali del primo e secondo capitalismo, ai lavoratori e ai dirigenti veniva chiesto molto, ma non veniva chiesto troppo e, soprattutto, non veniva chiesto *tutto*. Restavano altri ambiti (famiglia, comunità, religione, partito...) nei quali si svolgevano brani di vita non meno importanti di quello lavorativo. Dove invece veniva

[3] Come quei dirigenti che non si "mescolano" con i loro subalterni nelle mense o circoli ricreativi e sportivi, perché, come ci ricorda Alessandro Manzoni nel banchetto finale dei *Promessi Sposi*: «È più facile aiutare i poveri che mangiarci assieme».

chiesto molto e in certi casi tutto era nella sfera religiosa (conventi, abbazie e monasteri) e, in misura diversa e in genere minore, in quella militare (in nome degli ideali di patria, popolo, nazione). Lì si poteva dare tutto perché la promessa valeva la pena.

Il grande e pericoloso *bluff* delle moderne organizzazioni del capitalismo di ultima generazione si nasconde nel loro uso di registri simbolici e motivazionali dello stesso tipo di quelli utilizzati in passato dalle fedi ma – e qui sta il punto – *snaturandole e ridimensionandole radicalmente*. Il nuovo capitalismo si è infatti accorto che senza attivare le motivazioni e i simboli più profondi dell'umano le persone non donano liberamente la loro parte migliore. Così chiedono molto, (quasi) tutto ai loro neo-assunti, chiedono un impegno di tempo, priorità, passioni, emozioni, che non può essere giustificato ricorrendo al solo registro del contratto e del (pur molto) denaro. Solo il registro religioso del "dono di sé" può spiegare che cosa viene chiesto e dato in queste relazioni di lavoro. Ma se l'impresa riconoscesse veramente tutto il "dono" che chiede ai suoi lavoratori, creerebbe dei legami comunitari (*cum-munus*: dono, obbligo reciproco) che in realtà non vuole perché quelle relazioni diventerebbero non più gestibili e controllabili. Così ci si ferma al riconoscimento delle dimensioni meno profonde e vere del dono di sé, e si fa di tutto per ricondurre ogni comportamento all'interno del dovuto e del contratto.

Nei primi anni, e finché i lavoratori-dirigenti sono giovani, questo gioco di promesse, aspettative, restituzioni di riconoscimento e attenzioni reciproca impresa-lavoratore funziona e produce una spirale crescente di impegno, risultati, gratificazione. Ma, col passare del tempo, questi investimenti affettivi e relazionali non riconosciuti si cumulano e diventano crediti emotivi, finché un giorno si capisce che non saranno mai saldati. Entra allora in crisi il cosiddetto "contratto narcisistico" originario, e le gratificazioni dei primi tempi si trasformano in delusione e frustrazione. Inizia la fase dell'insicurezza, della disistima, del sentirsi perdente, e presto il crollo dell'immagine del lavoratore ideale costruito fino ad allora. E presto arriva il *burn-out*. Si capisce che il gioco non è valso la candela della propria vita che nel frattempo si è consumata, a volte esaurita e spenta. E il gioco continua con altri giovani, che presto verranno rimpiazzati da altri – è impressionante il "consumo" di gioventù in queste organizzazioni, come negli eserciti e nei culti pagani.

Le grandi parole della vita portano frutto solo se non strumentalizzate. Hanno bisogno di grandi spazi, di aria aperta, di essere accolte nella loro complessità e, soprattutto, nella loro ambivalenza che le rende generative, vive, vere. E non permettono, per la loro stessa natura intrinseca, di essere usate a scopo di lucro, certamente non lo consentono per lungo tempo.[4] Ma ogni ideologia è essenzialmente un tentativo di manipolare una o più parole grandi dell'umano (libertà, fraternità, uguaglianza), riducendone complessità e ambivalenza per controllarle e così controllare persone e coscienze. L'ideologia manageriale sta manipolando stima, riconoscimento, comunità, perché le usa senza gratuità, e quindi senza responsabilità per i costi emotivi e per le ferite relazionali che l'ambivalenza di queste parole grandi inevitabilmente producono.

[4] La storia umana ci offre un'immensa raccolta di tentativi di usare per vantaggi privati le grandi parole dell'umano. La magia e ogni idolatria non sono altro che questo.

Tutti vogliamo il paradiso, tutti vorremmo spendere la nostra vita in modo eroico, ma non possono essere le imprese e i loro obiettivi i luoghi dove queste promesse si possono compiere. La loro terra ha un cielo troppo basso, il loro orizzonte è troppo angusto per poter essere davvero quello della terra promessa.

Infatti, una delle tendenze più radicali dell'umanesimo immunitario del capitalismo contemporaneo è il bisogno di controllare, arginare, normalizzare le motivazioni più profonde degli esseri umani, soprattutto quelle intrinseche dove hanno le radici la nostra gratuità e libertà. Quando attiviamo le nostre passioni, gli ideali, il nostro spirito, accade che i nostri comportamenti sfuggano al controllo delle organizzazioni. Le nostre azioni diventano imprevedibili perché libere, e quindi mettono in crisi i protocolli e le *job description*. Soprattutto mettono in crisi il management che, per compito e natura, deve rendere controllabile e prevedibile il comportamento organizzativo. Per poter gestire molte persone diverse e orientarle tutte verso gli obiettivi semplici dell'impresa, c'è bisogno di operare una forte omologazione e standardizzazione dei comportamenti, che così diventano incapaci di creatività (che tutti, a parole, vorrebbero).

Le motivazioni intrinseche sono, infatti, quelle più potenti e quindi le più destabilizzanti per le organizzazioni. Quando siamo mossi "da dentro", ci sganciamo dal calcolo costi-benefici, e diventiamo capaci di fare cose solo per la felicità *intrinseca* dell'azione. Non avremmo ricerca scientifica, poesia, molta arte, spiritualità vera, senza motivazioni intrinseche, come non avremmo molte imprese, comunità e organizzazioni che nascono dalle passioni e dagli ideali dei fondatori, e vivono perché e fino a quando qualcuno continua a lavorare non solo per denaro. Tutta la vera creatività ha un bisogno essenziale di motivazioni intrinseche. Ma – lo vediamo tragicamente tutti i giorni – le motivazioni intrinseche sono anche alla radice dei comportamenti peggiori degli esseri umani, e non solo nel terrorismo.

Ecco allora che lo spirito moderno, in particolare lo spirito economico, per paura degli effetti potenzialmente destabilizzanti delle grandi motivazioni umane, ha scelto di accontentarsi delle sole motivazioni strumentali o estrinseche. Abbiamo così lasciato alla democrazia la gestione del gioco pubblico delle differenze e delle identità, ma le abbiamo espulse dalle imprese. E così la nostra cultura organizzativa cerca di trasformare in incentivi tutte le varie motivazioni umane, di ridurre i tanti "perché" a un unico, semplicissimo, "perché". Abbiamo così diminuito le ferite (la vulnerabilità) dentro le nostre imprese, ma abbiamo ridotto anche le benedizioni (benessere).

Si capisce, allora, *perché* l'incentivo è diventato il grande e unico strumento per controllare e gestire persone ridotte e depotenziate nelle loro tante motivazioni, per poterle così allineare con gli obiettivi delle organizzazioni (l'*incentivus* era nei secoli passati lo strumento a fiato che intonava gli strumenti dell'orchestra, la tromba che incitava la truppa alla battaglia, il flauto dell'*incantatore* di serpenti). Così l'economia e le scienze manageriali hanno finito per accontentarsi delle motivazioni meno potenti degli umani – anche quando cercano di strumentalizzarle promettendo ai neo-assunti un paradiso che non possono né vogliono dare. È anche questo un prezzo della modernità.

In tutte le persone, le motivazioni sono molte, ambivalenti e intrecciate tra di loro. La cultura e gli strumenti della gestione possono favorire l'emergere e la sostenibilità delle motivazioni più profonde e ideali, o aumentare il cinismo organizzativo dove ciascuno si accontenta degli incentivi e smette di chiedere troppo all'organizzazione, e così finisce presto per non chiederle più niente.

Usciremo migliori da questa grande transizione se creeremo organizzazioni più bio-diversificate, meno livellate nelle motivazioni, se saremo capaci di dar spazio alla persona tutta intera. Organizzazioni abitate da lavoratori un po' meno controllabili e gestibili, ma più creativi, più felici, più umani. E ne usciremo, semplicemente, lavorando, combattendo l'idea che si possa vivere bene senza lavorare. Come diremo nelle ultime pagine di questo saggio, dedicate, non a caso, al lavoro.

Gli esseri umani hanno molti meriti, molti più di quelli che vedono e ricompensano le imprese. Rispondono certamente agli incentivi, ma prima rispondono alla propria coscienza, all'onore, al rispetto, alla dignità, anche nel mondo del lavoro. Finché continueremo a produrre visioni riduttive degli uomini e delle donne, continueremo a generare luoghi del lavoro e del vivere troppo piccoli per quell'animale malato di infinito che si chiama *homo sapiens*.

Questo libro è dunque un dialogo sulla natura religiosa e idolatrica del capitalismo del nostro tempo. Lo faremo a partire da alcune parole e temi che scandiranno il ritmo della narrazione. Ho scelto di trattare temi complessi con uno stile non specialistico, senza appesantire il testo con note e citazioni di opere (che comunque si trovano elencate in bibliografia), facendo mio il metodo di Antonio Genovesi, fondatore dell'Economia civile, che diceva: «Scriverò dunque come penso, e parlerò come tra noi si parla, perché amo di essere inteso, non ammirato» (Antonio Genovesi, Proemio, *Diceosina*, 1766).

* * *

Ringrazio Marco Tarquinio, direttore di Avvenire, *dove sono apparse sotto forma di articoli molte delle idee contenute e sviluppate in questo libro. Ringrazio Antonella Ferrucci per il costante e tenace lavoro di cura dei miei scritti e del mio lavoro. Carlo Petrini e Flavio Fiorani per aver creduto in questo libro.*

I
Una nuova distruzione creatrice

> Dobbiamo lavorare in quelle zone intermedie fra parecchi ordini di discipline, nelle quali come al contatto di due terreni diversi si trovano sovente accumulate ricchezze eccezionali.
>
> (Achille Loria, *Le basi economiche della costituzione sociale*)

La solitudine nel nostro tempo cresce insieme al nostro desiderio di comunità, che cerchiamo di soddisfare con modalità e strumenti che finiscono, troppo spesso, per accrescere quel desiderio. La società di mercato ha bisogno di individui senza legami forti e radici troppo profonde, e ha i mezzi economici e politici per crearli sempre più così. Le persone con relazioni interpersonali significative, con una vita interiore coltivata, sono sempre consumatori imperfetti e difficili da gestire.

Non capiamo il successo straordinario che il mercato capitalistico sta raccogliendo negli ultimi due, tre decenni, se non poniamo sufficiente attenzione al suo principale *dispositivo*: la distruzione di beni liberi non di mercato che vengono sostituiti da merci che, mentre cercano di rispondere alla carestia dei primi beni (e a modo loro ci riescono), continuano ad alimentarla. La nuova cultura del lavoro e del consumo produce individui con relazioni sempre più frammentate, e poi grandi aziende multinazionali offrono nuove forme di comunità sulla rete che mentre accompagnano le nostre solitudini non fanno altro che aumentare il numero delle nostre ore solitarie trascorse di fronte a telefoni, computer, TV. Il Pil cresce grazie al nostro tentativo di rispondere col mercato alle solitudini generate dallo stesso mercato – e così la quota di reddito che le famiglie spendono oggi in telefoni, ricariche e canoni internet, sta superando quella spesa per il cibo.

Le conseguenze di questa nuova forma di "distruzione creatrice" – che distrugge beni liberi e crea merci con un prezzo – sono gravemente sottovalutate. Pensiamo all'esclusione sociale e alla povertà. Le comunità tradizionali erano generalmente beni comuni gratuiti, accessibili anche ai poveri, in certi casi soprattutto ai poveri, che compensavano i loro minori beni economici con maggiori beni relazionali. I poveri spesso non erano poveri di tutto: avevano ricchezze comunitarie, di festa, che li facevano meno poveri. La tendenza forte delle nuove povertà del terzo millennio è la creazione di poveri che sono poveri in tutto. Quando eravamo bambini, ad esempio, l'organizzazione sociale di città e campagne ci impediva (quasi) di diventare obesi: tutto era movimento naturale e necessario. Le nostre città e la nostra organizzazione sociale ed economica producono (quasi) naturalmente obesità. Ma poi, con il colpo di genio collettivo più impressionante della nostra era, il capitalismo ha inventato tutto un business di palestre, piscine, fitness, alimenti speciali, allo scopo di combattere quell'obesità che la società di mercato crea – *semplicemente* pagando. E così i bambini (e gli adulti) più poveri sono spesso anche quelli più obesi, perché non possono accedere alle cure che il mercato vende.

Crescere e fare profitti grazie alla risoluzione dei danni che crea nel fare altri profitti (e rendite), è la grande innovazione sociale del capitalismo del nostro tempo. Il meccanismo di questa distruzione creatrice è molto radicale, e si applica primariamente alla stessa comunità. Le comunità tradizionali erano solo in minima parte *elettive*: sceglievamo la moglie, qualche amico, non i genitori, né i fratelli, né i figli, né i vicini di casa, né gli altri abitanti del nostro villaggio. Tutti questi compagni erano eredità, destino, soprattutto corpo, carne, sangue, con tutte le loro tipiche ferite e benedizioni. Le comunità post-moderne sono soltanto elettive: scegliamo quasi tutto, vorremmo scegliere tutto. Soltanto i legami deboli, disincarnati e scelti ci piacciono; e così ci scordiamo che le persone sono vive e vere perché oggi sono diverse da quelle che abbiamo scelto ieri. La buona fioritura di una vita è restare fedeli a tutto ciò che è cambiato, che continua a cambiare e che non abbiamo scelto nelle persone che amiamo – ogni patto matrimoniale è un reciproco «sì» per una fedeltà a ciò che l'altro diventerà, un'alleanza per accogliere e amare il non ancora (di sé e dell'altro) che non conosciamo e non controlleremo (e invece «Sei cambiata», «Non sei più l'uomo che ho sposato», sono le parole dei nostri abbandoni, come se non avessimo sposato anche quel "cambiamento" e quel "non essere più").

Un posto importante in questo ragionamento lo occupa il tema dell'*autenticità*. Nel XX secolo l'autenticità – sincerità, genuinità – era anche una dimensione del mercato. Le imprese, le cooperative, i negozi, le banche erano faccende umane a tutto tondo, con gli stessi vizi e le virtù della vita. E quindi genuine come la vita. Poi abbiamo iniziato a costruire una cultura aziendale e di marketing sempre più artificiale, a costruire una pubblicità dove si presentano beni che tutti sappiamo non essere quelle merci che poi andremo a comprare, a vendere prodotti finanziari artificialissimi e finti, a relazionarci con colleghi, clienti, fornitori e capi seguendo i protocolli e gli schemi di incentivo. Una commedia dell'arte dove ciascuno interpreta il suo ruolo grazie alla maschera che gli copre il volto – e così non vediamo più il rossore sulle guance e le lacrime negli occhi. Una certa artificialità e non sincerità hanno sempre fatto parte dell'ethos del mercato – chiunque frequentava le fiere e i mercati di ieri entrava dentro un mondo di venditori seduttori che parlavano di proprietà fantastiche di prodotti miracolosi. Ma ne eravamo coscienti, quell'artificialità faceva parte del folklore e dei riti di quel mondo, di ogni mondo. Quella parte di artificialità era esplicita, nota a tutti, e quindi diventava, paradossalmente, autentica e sincera. Giocavamo un po' tutti "a mercanti in fiera", ma lo sapevamo.

A un certo punto, però, quella prima cultura di mercato è stata amplificata, gonfiata ed esasperata dalle grandi imprese multinazionali e dalle società di consulenza globali. È diventata una vera e propria ideologia, e quella prima buona dimensione di artificialità delle relazioni di mercato è cresciuta molto, troppo. Poco alla volta, e senza accorgercene, ci siamo dimenticati della non-autenticità di molte pratiche, e abbiamo dato loro consistenza di realtà. La gestione del lavoro è diventata tecnica, le persone risorse umane, il marketing una scienza coltivata nei laboratori di neuroscienza. *Il gioco è diventato la realtà*, e quella prima genuinità è uscita di scena.

Ma ancora una volta, il mercato sta trovando la soluzione al male che ha creato. La ricerca di autenticità dentro il mercato è infatti una delle tendenze più importanti e profittevoli dell'attuale capitalismo. I consumatori cercano autenticità nei prodotti e nei servizi che comprano. La vogliamo nei prodotti alimentari, dove tutto ciò che sa di autentico vale di più; nella ristorazione, quando a Napoli cerchiamo il locale che sia veramente napoletano, e *lisboeta* a Lisbona. Persino nel turismo sociale vogliamo vedere indigeni autenticamente indigeni, e poveri che siano autentici poveri. Birre e gelati artigianali sono preferiti perché portatori di quell'autenticità che ci siamo messi decisamente a cercare. Non ci basta uno chef preparato, ne vorremmo uno che crede veramente in quello che fa e dice di fare. Né un contadino che coltiva i suoi prodotti in modo biologico: lo vogliamo incontrare mentre lavora nei suoi campi e ci parla in dialetto, per verificare la genuinità della storia che ci racconta con la merce.

Un primo effetto collaterale di questo interessante fenomeno nuovo riguarda il prezzo di questi prodotti. Questa autenticità è associata in genere a un prezzo alto, qualche volta molto alto, da cui deriva, anche qui, l'esclusione dei poveri. L'autenticità, poi, non è una caratteristica dei prodotti, è una dimensione anche delle *persone*. Se allora guardiamo bene ci accorgiamo che stiamo chiedendo al mercato quella *gratuità* che è precisamente quanto ha espulso dai suoi uffici, negozi, banche, soprattutto negli ultimi decenni.

In questo variegato mondo dei mercati autentici, si aprono allora scenari futuri da seguire con molta attenzione. Uno riguarda la grande crescita di nuove *comunità di mercato*, dove è il consumo dello stesso prodotto o *brand* ad aggregare le persone in nuove forme di tribù. Ciò che oggi vediamo ancora solo per alcuni prodotti particolarmente identitari (nel cibo, nella musica, nell'abbigliamento, nelle automobili, nelle moto...), domani potrebbe diventare un fenomeno molto esteso e generalizzato. In queste tribù di consumatori è l'oggetto a diventare l'elemento di costruzione della comunità. Rivivono così forme arcaiche di culto totemico, dove il rapporto tra persone è un effetto collaterale del rapporto di ciascun individuo con la cosa. I fedeli (la fede-fedeltà qui è tutto) offrono sacrifici di tempo ed energie a qualcosa che, per natura, non ha nulla di gratuito – il prodotto ha un suo prezzo di vendita, ha i suoi profitti che non vanno agli adoratori ma ai proprietari della marca, che usano gratuitamente il lavoro e la promozione dei loro fidelizzati. Nuove religioni-idolatrie di solo culto, che riempiono di feticci una terra svuotata di dèi.

L'umanesimo biblico ha combattuto l'idolatria del suo tempo anche per liberare l'uomo dal *debito originario* che caratterizzava i culti totemici e pagani dei popoli circostanti. L'Alleanza con un Dio che crea per eccedenza di amore, era stata anche la liberazione dai culti per gli oggetti, dai totem e dai tabù del mondo antico, dove gli oggetti incantavano e incatenavano gli uomini con la loro magia e i loro poteri occulti. Se il disincanto del mondo e la battaglia contro l'umanesimo ebraico-cristiano cui stiamo assistendo, producessero, alla fine, un banale ritorno a nuovi culti totemici degli oggetti, saremmo di fronte al peggiore fallimento dell'umanesimo occidentale, alla distruzione di due millenni e mezzo di sviluppo umano e spirituale.

Ma sono possibili anche altri scenari, si possono già intravedere narrazioni diverse sulla linea dell'orizzonte del nostro tempo complicato e bellissimo. Per osservarli e capirli noi ci porremo "sul confine e oltre". Porremo il nostro posto di vedetta sul confine tra gratuità e mercato, tra comunità e persone, tra i totem e l'*autentica* spiritualità. Aspettiamoci di tutto, e buon viaggio.

II
Attenti al pifferaio magico

> Vi è per tutte le passioni un tempo in cui esse sono soltanto funeste, in cui deprimono le loro vittime con il peso della stupidità – e un tempo più tardo, assai più tardo, in cui si sposano con lo spirito, si "spiritualizzano".
>
> (Friedrich Nietzsche, *Il crepuscolo degli idoli*)

Una forma particolarmente importante di "distruzione creatrice" del capitalismo del nostro tempo è quella operata nei confronti della religione. L'economia di mercato è cresciuta e cresce grazie al consumo del territorio *sacro* che, sconsacrato e trasformato in indifferenziato e anonimo spazio *profano*, è diventato nuovo terreno liberato per gli scambi commerciali. I mercanti sono tornati nel tempio, tutto il tempio sta diventando mercato, anche il *sancta sanctorum* è stato messo a reddito.

Per distruggere una religione occorre prima minare le comunità e isolare le *persone* trasformandole in *individui*. E questo il capitalismo lo ha saputo fare molto bene. Gli individui sono slegati tra di loro, e quindi non possono avere la *religio*, che è esperienza possibile solo a coloro che condividono e custodiscono insieme qualcosa di importante. Quando viene meno la terra comune della comunità, l'esperienza religiosa inesorabilmente si spegne. O diventa un bene di consumo, come è capitato all'Occidente, dove nel giro di due generazioni abbiamo ridotto in macerie un patrimonio comunitario e religioso costruito in oltre duemila anni, e dove gli individui senza casa e senza radici sono diventati i consumatori perfetti. Ci siamo lasciati svuotare di senso e siamo stati riempiti di cose.

Questo svuotamento-riempimento rappresenta il massimo sviluppo di quel primo "spirito del capitalismo" che leggeva l'accumulo di beni come benedizione di Dio. Con una differenza decisiva però: quella che era stata per almeno due secoli un'esperienza elitaria di un ristretto numero di imprenditori e banchieri, nel corso del XX secolo è diventata una religione di massa, grazie allo spostamento del baricentro etico del capitalismo dalla sfera della produzione a quella consumo. A essere "benedetto da Dio" non è più l'imprenditore-produttore, ma l'imprenditore-consumatore (che è lodato e invidiato perché e se ha i mezzi per consumare). I predestinati sono diventati coloro che possono *consumare* i beni, non più quelli che li *producono lavorando*. Più consumo, più benedizione. La figura sacrale dell'imprenditore-costruttore ha così lasciato il posto al nuovo sacerdote e messia del manager-consumatore, che è tanto più "benedetto" quanto più alto è il suo bonus e quindi il suo standard di consumo.

Come conseguenza di ciò, il lavoro è uscito di scena, relegato tra i ricordi un po' nostalgici del passato e delle sue utopie. È diventato un mezzo per aumentare i consumi, grazie a una finanza sempre più amica del consumo e nemica del lavoro, dell'impresa e dell'imprenditore-lavoratore. Il vecchio spirito calvinista del capitalismo, centrato attorno alla produzione e al lavoro, era ancora un capitalismo essenzialmente e naturalmente sociale. Lavorare e produrre sono azioni collettive, di cooperazione e mutualità. Il lavoro è il primo mattone delle comunità umane.

Spostando l'asse del sistema economico e sociale dal lavoro al consumo, la comunità ha naturalmente lasciato il posto all'individuo. Il consumo è diventato sempre più un atto individuale, perdendo progressivamente quella dimensione sociale pur legata alla sfera economica. Fino a qualche decennio fa nei mercati si scambiavano anche parole. Oggi l'atto di consumo perfetto è diventato l'acquisto online, dove il prodotto mi raggiunge a casa senza che tra me e l'oggetto del desiderio si inserisca nessun altro essere umano (possibilmente neanche il postino). Ecco perché l'azzardo di ultima generazione è icona massima di questo capitalismo. Dalla schedina del totocalcio o dalle corse all'ippodromo, che erano in molti casi esperienze sociali, si è passati al rapporto individuo-macchina, dove ciascuno gioca da solo, interamente concentrato e risucchiato dal suo oggetto – non a caso molte slot machine hanno aspetto totemico: luccicanti, coloratissime, sempre affamate.

Il passaggio dal lavoro al consumo è frutto anche di un'operazione sistematica di disistima di tutto ciò che sa di fatica, sudore, sacrificio. Il consumo ci piace molto perché è tutto e solo *piacere*: nessuna fatica, nessun dolore, nessun sacrificio. Così non stupisce che la nuova frontiera della battaglia civile si stia spostando dal "lavoro per tutti", che era il grande ideale del XX secolo, al "consumo per tutti", che sta diventando lo slogan del XXI, magari reso possibile grazie a un reddito minimo garantito per poter essere introdotti nel nuovo tempio. Più consumo, *meno lavoro*, più benedizione. Le idolatrie sono sempre economie di puro consumo. Il totem non lavora, e il lavoro dei suoi devoti vale solo in quanto orientato al consumo: all'offerta, al sacrificio. Più una cultura è idolatrica più disprezza il lavoro e adora il consumo e quella finanza che promette un culto perpetuo di solo consumo senza fatica.

Questo impianto antropologico, sociale e sacrale che ha retto finora il capitalismo, sta però entrando inesorabilmente in crisi. Il capitalismo individualistico sembra avere i giorni contati, anche se oggi vive la sua stagione migliore (le grandi crisi iniziano sempre al culmine del successo e si manifestano con un ritardo temporale di alcuni anni). E non è difficile accorgersene.

Finché siamo stati all'interno di un'economia della *scarsità* di merci, al culto del mercato bastavano le cose per riempire la nostra fantasia e appagare i nostri desideri. Ma quando la gran parte della società ha raggiunto e superato la soglia della sazietà, la religione capitalistica deve ripensarsi completamente se vuole continuare a crescere e trattenere i suoi fedeli – dimenticando, tra l'altro, tutti coloro che non sono sazi e bussano alle porte dei nostri banchetti.

Ed è proprio osservando i cambiamenti in corso in questa nuova fase del capitalismo della post-sazietà, che possiamo vedere con chiarezza la potenza della sua natura religiosa-idolatrica.

Pensiamo al rapporto individuo-comunità. Le componenti più intelligenti del nostro sistema economico stanno intuendo che il culto capitalista ha bisogno di comunità per poter essere potente e durare. Come ogni religione, anche quella capitalistica, non può che essere comunitaria. Tutte le religioni sono un "fenomeno sociale integrale" (Émile Durkheim). E così, dal centro del capitalismo è iniziato a emergere qualcosa di molto difficile da immaginare soltanto pochi anni fa. Una volta che il processo di individualizzazione del consumo e del conseguente azzeramento della comunità stava raggiungendo la sua apoteosi, quella stessa cultura economica ha partorito figli che assomigliano molto alla vecchia religione e alla vecchia comunità che tanto ha osteggiato e combattuto come suoi principali nemici. La fase del mercato che cresce offrendo merci a individui che sostituivano gli antichi culti collettivi con l'idolatria individuale di nuovi oggetti-totem, sta infatti progressivamente lasciando il posto a una nuova fase di consumo *comunitario*, e quindi più *religioso*. L'individuo consumatore separato e isolato, adoratore di idoli dai quali è divorato, non sarà il protagonista dei mercati dei prossimi anni. Il mercato del futuro sarà sociale e pieno di storie. Non capiamo, ad esempio, la nuova stagione di *sharing economy* se non la leggiamo all'interno di questa nuova fase diversamente comunitaria della religione capitalistica, e lo vedremo in uno dei prossimi capitoli.

Pensiamo al grande fenomeno del marketing narrativo e del cosiddetto *storytelling*, sempre più inseriti tra gli ingredienti delle nuove imprese di successo. La narrazione è un tipico elemento delle religioni e delle comunità, tanto da costituirne il loro primo capitale. Le fedi sono soprattutto un patrimonio di storie ricevute e donate. Non ci sono fedi senza narrazioni dell'inizio, della fine, dei padri, delle liberazioni, degli incontri con Dio. Si trasmette una fede raccontando una storia. Il nuovo marketing dell'era della post-scarsità non presenta più i prodotti con le loro caratteristiche tecniche o merceologiche. Non ci ammalia descrivendoci le proprietà delle merci: ci incanta raccontandoci storie. Come facevano i nostri nonni, come faceva e fa la Bibbia. La nuova pubblicità è sempre più una costruzione di racconti con il tipico linguaggio del mito, dove lo scopo è attivare l'emozione del consumatore, il suo codice simbolico, i suoi desideri, i suoi *sogni* – non solo, non più, i suoi *bisogni*. E così per venderci i loro prodotti, le nuove imprese ci fanno sognare ricorrendo alla forza evocativa del mito: come le fedi, come le storie che hanno formato il nostro patrimonio religioso e sociale. Con una differenza fondamentale, però: le storie delle fedi e le fiabe delle nonne erano più grandi di noi ed erano tutto e solo gratuità. Il loro scopo era trasmetterci un dono, una promessa, una liberazione, facendoli rivivere ogni volta solo per noi. Non ci volevano vendere nulla, solo trasmetterci un'eredità. E invece lo *storytelling* delle imprese emozionali del capitalismo di oggi e di domani vuole solo e soltanto venderci qualcosa. Non hanno nulla di gratuito e sono più piccole di noi proprio perché mancanti di quella gratuità che faceva grandi le altre storie: le nuove imprese ci raccontano storie per aumentare i profitti di chi investe molto denaro per inventare e raccontarci quelle storie – che poi non sono altro che plagi e imitazioni delle grandi narrazioni religiose che hanno ricevuto, anche loro, gratuitamente e che poi riciclano a scopo di lucro. Le storie di ieri, di sempre, hanno saputo *incantarci* perché non volevano *incatenarci*. Le storie raccontate a scopo di lucro sono invece tutte varianti della fiaba del *Pifferaio magico*: se non è pagato per la sua opera, questo mercato torna in città, e mentre siamo occupati nei nostri nuovi culti nelle nuove chiese con il flauto incantatore ci porta via i nostri bambini, per sempre.

Finora la storia delle civiltà ci ha insegnato che la *gratuità usata senza gratuità* non dura, e presto si scopre il *bluff*. Ma forse la grande innovazione del capitalismo di domani consisterà nel trasformare anche la gratuità in una merce, e lo farà così bene che non saremo più capaci di distinguere la gratuità taroccata da quella genuina. Ma potremo salvarci ancora da questa grande manipolazione, che sarebbe la più grande di tutte, se avremo tenuto vive, da qualche parte, le grandi storie di gratuità custodite dalle fedi. O se avremo conservato il seme della gratuità in un ultimo posto dell'anima che siamo riusciti a non mettere in vendita.

III
Torniamo a rivedere il lavoro

> È bello vedere un pugno di muratori, arrestati da una difficoltà, riflettere ciascuno per proprio conto, indicare diversi mezzi d'azione, e applicare unanimemente il metodo concepito da uno di loro, il quale può avere o non avere un'autorità ufficiale sugli altri. In simili momenti l'immagine di una collettività appare pura.
>
> (Simone Weil in G. Borrello, *Il lavoro e la grazia*)

In tutte le grandi epoche di passaggio la prima indigenza è quella delle parole. In questa veloce età di transizione, il mondo del lavoro soffre anche per la mancanza di poeti, di artisti, di maestri di spiritualità che ci donino nuove parole per capire le nostre gioie e le nostre speranze. Anche oggi ci manca il linguaggio per capire quanto stiamo vivendo, per narrare le nostre gioie e le nostre sofferenze, e narrandole curarle collettivamente. Nei decenni passati avevamo imparato a comprendere e raccontarci i dolori delle fabbriche e delle campagne, insieme alle loro gioie. Nel secolo scorso abbiamo generato letteratura, poesia, cinema, canzoni, spiritualità della campagna, della fabbrica, del lavoro dei professionisti, degli imprenditori e degli impiegati, che ci hanno dato le parole per capire ed elaborare le ferite e le benedizioni di quell'umanesimo del lavoro.[5]

[5] Cantandolo e narrandolo lo abbiamo capito, abbiamo vissuto le sue feste ed elaborato i suoi lutti, e così ci siamo salvati, quasi sempre. Non saremmo sopravvissuti senza i poeti, gli artisti e i carismi del lavoro, che ci hanno amato dandoci soprat-

Se c'è un luogo dove è particolarmente forte ed evidente la carestia di parole nuove per capire ed elaborare le sue tipiche ferite e benedizioni, è la vita dentro le organizzazioni. Le relazioni all'interno delle nostre imprese, soprattutto nelle grandi e globali, stanno evolvendo a un ritmo impressionante, e ci stanno imprimendo un vero e proprio mutamento antropologico. Un'evoluzione e un mutamento che stanno producendo, tra l'altro, uno specifico disagio del management, che a volte diventa una vera e propria sofferenza psicologica e morale. C'è anche un urgente bisogno di nuove parole per poter esprimere questo nuovo disagio, per capirlo e trasformarlo.

Il management buono – se ne trova ancora molto in tutte le imprese, pubbliche e private, accanto a quello cattivo, anche questo molto presente ed efficace – si trova stretto dentro una vera e propria morsa relazionale. Da una parte è oggetto di un'infinita domanda di riconoscimento e di riconoscenza, che non riesce a soddisfare come dovrebbe. Dall'altra, questi manager non trovano chi riconosca il loro lavoro. Nel mondo del lavoro c'è un'immensa richiesta di riconoscimento-riconoscenza. Tutti sentiamo, se e quando lavoriamo veramente, che nel nostro lavoro quotidiano c'è molto più di quanto richiesto dal contratto di lavoro. A nessuna impresa può bastare il contratto, e a nessun lavoratore basta il solo stipendio per sentirsi riconosciuto e stimato come lavoratore-persona. L'impresa – e sta qui un altro paradosso fondamentale delle nostre moderne organizzazioni – ha bisogno proprio di quanto non può comprare dal lavoratore: del suo entusiasmo, delle sue

tutto le parole. La poesia, l'arte e le spiritualità sono soprattutto il dono di parole diverse e più grandi per dare nome alle nostre esperienze, che senza questi doni resterebbero mute o mal dette.

passioni, della sua gioia e voglia di vivere, della sua creatività, del suo cuore.

Ma queste dimensioni umane sono solo e tutta libertà, e quindi l'impresa riesce ad averle solo se e solo quando liberamente donate dal lavoratore. Al tempo stesso, per avere le cose che veramente servono all'impresa, c'è bisogno che i dirigenti si accorgano, vedano e riconoscano tutta l'eccedenza tra l'attività lavorativa e il puro contratto. In altre parole, l'impresa ha veramente bisogno di quanto il contratto di lavoro e i suoi tipici strumenti – incentivi e controlli – non può comprare. Questa realtà è talmente evidente ma resta muta soprattutto per mancanza di parole e di categorie per esprimerla, e così viene relegata sullo sfondo delle nostre relazioni lavorative; ma tutti sappiamo che le imprese vivono e fioriscono quando ci sono le condizioni, spesso implicite e tacite, che mettono lavoratori, manager, imprenditori nelle condizioni di dare proprio ciò che i contratti non possono assicurare, ma che è quasi tutto ciò che veramente serve all'organizzazione e alla persona. È questa la radice dell'immensa, costante, crescente domanda di stima, riconoscimento, attenzione, che resta in buona parte insoddisfatta.

Questo scarto tra domanda e offerta di stima e di riconoscimento è creato e alimentato dalla stessa cultura delle grandi imprese e organizzazioni, che chiedono talmente tanto al lavoratore da portarlo ad abbandonare progressivamente gli altri ambiti non-lavorativi. E così si finisce per investire il proprio lavoro di troppe aspettative, che non potranno mai essere soddisfatte. Quando a quell'essere simbolico e malato di infinito che è la persona chiudiamo tutte le finestre dell'anima tranne quella del lavoro, si finisce per pretendere di vedere da quell'unica finestra paesaggi e orizzonti che richiederebbero altre prospettive e altre finestre. In esistenze senza porte né finestre diverse da quelle piccole e basse dell'azienda, il manager diventa la prima vittima di questa malattia relazionale. Finisce per trovarsi al centro di un flusso continuo di richiesta di reciprocità diverse e complesse che riesce a soddisfare solo in piccola parte.

Che fare? Gli studi sulla felicità e il benessere lavorativo (insieme alla nostra esperienza quotidiana) stanno cominciando a dirci che la prima ed essenziale forma di reciprocità invocata dai lavoratori è essere "visti" dai loro responsabili.

La prima condizione necessaria, e a volte anche sufficiente, perché si chiuda il circuito della reciprocità nel lavoro è la presenza dei dirigenti nei luoghi reali dove si svolge il lavoro. Vedendo il lavoro, il lavoratore che lavora, si vedrebbe anche il tanto dono contenuto in quel lavoro. È questo sguardo la prima reciprocità richiesta dai lavoratori, uno sguardo di attenzione che renderebbe visibili tutte quelle dimensioni essenziali del lavoro che restano invisibili perché nessuno le guarda, o perché non le guardano le persone che dovrebbero vederle per riconoscerle.[6]

Nelle comunità, comprese le comunità di lavoro, gli sguardi non sono tutti uguali, le funzioni e le responsabilità contano, e il lavoro deve essere visto anche, e soprattutto, da chi ha la responsabilità per dirmi «Hai fatto un buon lavoro» o «Hai fatto un lavoro non buono». Perché se il nostro lavoro resta non visto dalle persone che dovrebbero vederlo, o non visto abbastanza, diventa forte la tentazione

[6] Certo, anche lo sguardo dei colleghi e il nostro stesso sguardo sono importanti, ma non bastano.

di pronunciare una delle frasi più tristi in tutte le relazioni umane: «Non ne vale la pena», perché la sofferenza (la pena) che ogni lavoro ben fatto richiede, in questo luogo non ha valore (non vale).

Il problema, messo oggi in luce da studiosi francesi come Norbert Alter o Anouk Grévin,[7] è che nelle moderne grandi organizzazioni (private, pubbliche, della società civile, a volte anche della chiesa), la teoria e prassi del management porta sempre più i dirigenti a non poter vedere il lavoro perché costretti a passare il loro tempo in mezzo a carte e computer, a produrre grafici, indicatori, controlli; o a fare colloqui di valutazione istituzionali nei quali in mezz'ora si dovrebbe valutare un lavoro reale non visto nell'ordinarietà dei dodici mesi. Si vedono le tracce del lavoro, le operazioni, ma non si vede l'esperienza tutta umano-spirituale del lavoro. Ma il guardare segni senza la persona del lavoratore che li genera, non ci consente di conoscere e apprezzare veramente il lavoro. E così si finisce per non valutare gli aspetti più importanti del lavoro, che per poter essere valutati avrebbero bisogno soprattutto del senso della vista. Il primo grido che dai lavoratori arriva ai manager, dice, urla loro: «Guardateci», «State in mezzo al lavoro», «Scendete dagli uffici».

La vita buona che, nella fatica e nelle contraddizioni, si sperimentava e si continua a sperimentare in molte imprese artigiane, dipende anche dal fatto che l'imprenditore lavora fianco a fianco con tutti nell'impresa, una compagnia che crea una solidarietà e un circuito di riconoscimento virtuosi. Il principale modo per riconoscere il dono che c'è in

[7] Si veda di Norbert Alter, *Donner et prendre. La coopération en entreprise*, La Découverte, Paris 2009.

ogni lavoro è vederlo e riconoscerlo nella sua feriale ordinarietà. E invece si continua a pensare che i lavoratori siano tutti imboscati, pigri e fannulloni, che non vogliono essere visti. E così invece di essere visti in tutta la loro complessità umana, vengono semplicemente controllati, in rapporti basati sulla sfiducia reciproca che non fa altro che produrre lavoratori sempre più simili alle teorie manageriali che li gestiscono.

Ma c'è di più. Anche i dirigenti sono lavoratori, e anch'essi hanno un vitale bisogno di reciprocità, di riconoscimento, di essere visti. Anche perché il lavoro specifico del manager è per sua natura esposto al rischio di invisibilità, essendo un lavoro che non produce bulloni né scarpe, ma gestisce rapporti umani. Ma soprattutto nelle grandi imprese anonime, dove i proprietari sono distanti, frammentati, a volte inesistenti, non c'è nessuno al di sopra del manager a vedere il suo lavoro, a riconoscerlo, a ringraziarlo; o quando ci sono, sono troppo distratti e occupati da altro. C'è, infatti, una sofferenza tipica del manager intermedio delle grandi aziende, quei dirigenti che sono a contatto con i lavoratori nei reparti o negli uffici e che non sono il top management dell'azienda. Questi si trovano inondati delle domande di attenzione e di reciprocità, ma a loro volta non hanno chi è in grado di riconoscere-ringraziare il loro lavoro. Il top management delle grandi aziende ha altre forme di riconoscenza: dai media, dalla politica, sono temuti e ringraziati per il loro potere.[8] Sono i dirigenti dei livelli più bassi che si trovano a dover donare riconoscimento senza riceverne abbastanza a loro volta.

[8] Anche se c'è in tutti, incluse le persone più potenti, una richiesta di sincerità e di autentica gratitudine da parte dei propri interlocutori.

Ecco allora che si aprono due vie di fuga.

La prima è quella che imbocca quel management che si tira fuori dal gioco, e non trovando reciprocità in alto la nega anche in basso, e si rifugia nei contratti e negli uffici. La seconda possibilità – che a volte convive con la prima – è l'utilizzo del molto denaro come forma di reciprocità, di riconoscimento, di gratitudine. Come accade in tutte le comunità umane (dalla famiglia alle imprese) il denaro è il primo linguaggio nelle relazioni umane dove mancano linguaggi migliori. Per dirti «grazie» e «bravo» ti do molti soldi, attivando così circoli viziosi di relazioni malate curate con gli strumenti sbagliati.[9]

Occorre reimparare a guardare e vedere il lavoro, il lavoro di tutti. Ma prima ancora, e più radicalmente, dobbiamo avere, collettivamente, il coraggio di compiere due operazioni rivoluzionarie.

In primo luogo, le imprese devono aiutare i propri lavoratori, tutti i lavoratori, a riaprire quelle finestre esistenziali che esse stesse hanno contribuito fortemente ad abbuiare. La vita dei lavoratori per fiorire ha bisogno della luce di tutta la casa, altrimenti anche la stanza del lavoro perde luminosità. Non possiamo chiedere alla nostra carriera e ai nostri dirigenti di soddisfare pienamente il nostro bisogno di riconoscimento, di stima, di amore, di cielo, perché se tentano di farlo trasformano le nostre imprese in chiese senza Dio e senza culto, come accade in ogni idolatria. Al tempo stesso, se per le frustrazioni e le delusioni smettiamo di chiedere molto (non tutto) al lavoro, la vita, l'intera vita,

[9] Ma ci sono anche dirigenti che continuano a svolgere il loro lavoro anche senza reciprocità, perché capaci di attingere a una vita interiore che dà loro resilienza anche nelle avversità. Li vediamo tutti i giorni attorno a noi e continuano a reggere le nostre imprese e la nostra economia.

si intristisce e si spegne. Ma c'è bisogno anche di una seconda operazione, ancora più radicale, difficile, ma decisiva. Abbiamo imparato a lavorare e a gestire operazione complesse in due principali grandi luoghi: la casa e i monasteri. Le prime operazioni complesse sono stati i parti, cooperazioni di donne per la vita, per la *gestione* della fine del *gestare*, lavori di mani di donna che accompagnavano il travaglio. La cultura del lavoro in organizzazioni complesse è poi fiorita e maturata dentro le abbazie, da secoli di *ora et labora*, spirito a servizio delle mani, mani alleate dello spirito, tutto nutrimento del lavoro. Abbiamo imparato a gestire comunità e imprese complesse leggendo e copiando i codici di Cicerone e di Agostino. Le nostre complesse e sofisticatissime imprese hanno un bisogno profondo di manager umanisti e meno tecnici, di persone esperte in umanità, capaci di ascolto, di cura, di accompagnare i tanti travagli delle organizzazioni.

Ma le scuole di business che veramente contano sono esclusivamente concentrate sugli strumenti e sulle tecniche, quando dovrebbero far studiare ai propri allievi poesia, arte, filosofia, spiritualità, svolgendo le lezioni dentro le fabbriche, e così formarli guardando il lavoro, sentendo il suo odore e profumo vero, e non quello sintetico delle sale convegni degli hotel.

Il mercato di domani avrà un bisogno vitale di *persone* tutte intere, fuori e dentro le imprese, che coltivino e attivino anche quelle dimensioni fondamentali dell'umano che da millenni chiamiamo dono, reciprocità, interiorità, che rendono la vita degna di essere vissuta, a lavoro e a casa.

IV
Gli idoli non sono sazi mai

> Il capitalismo è una religione puramente cultuale, la più estrema forse che mai si sia data. Tutto, in esso, ha significato soltanto in rapporto immediato con il culto; non conosce nessuna particolare dogmatica, nessuna teologia.
>
> (Walter Benjamin, *Il capitalismo come religione*)

Il capitalismo dei secoli XIX e XX è stato animato da uno spirito ebraico-cristiano, spirito di lavoro, di fatica, di produzione. Ma non capiamo più lo spirito del nostro capitalismo se continuiamo a cercarlo all'interno del cristianesimo o della Bibbia. La società di mercato negli ultimi anni assomiglia sempre più a una religione, ma i tratti che sta assumendo l'avvicinano alle città mediorientali di tremila anni fa, o a quelle greche e romane di alcuni secoli successivi. Ai loro spazi pubblici occupati da molte statue, templi, steli, altari, edicole sacre, e ai loro spazi privati riempiti di amuleti, penati, e da un'enorme produzione di idoli domestici. E ai loro molti sacrifici attorno ai quali era ordinata la vita, le feste, la morte. L'umanesimo ebraico-cristiano è stato, soprattutto, un tentativo di svuotare il mondo dagli idoli e liberarlo dai sacrifici, un tentativo solo in parte riuscito, perché è sempre stata troppo forte negli uomini la tendenza a costruire idoli per adorarli. I profeti, e la tradizione sapienziale (Qohelet), e poi Gesù, hanno operato una rivoluzione religiosa straordinaria anche per la loro lotta idolatrica radicale. Hanno cercato di eliminare gli idoli dai templi e dalle chiese, e creare così un ambiente libero dalle cose dove si potesse ascoltare la voce libera e liberata dello spirito, la sua "sottile voce di silenzio". Il cristianesimo, poi, ha superato per sempre l'antica logica sacrificale, perché al sacrificio degli uomini offerti a Dio ha sostituito il sacrificio-dono di Dio offerto agli uomini, istaurando l'era della gratuità. Ma oggi, dopo duemila anni, il capitalismo, combattendo prima la gratuità e poi cercando di metterla a reddito, sta reintroducendo nel proprio culto arcaiche pratiche sacrificali.

La cultura sacrificale del capitalismo la possiamo intravedere ovunque. Pensiamo, ad esempio, alla recente spettacolarizzazione del cibo e del cucinare in TV e nei media. Nelle varie culture mangiare era una pratica fondamentale, sempre comunitaria, cuore delle relazioni familiari, dei rapporti di amicizia, ed era l'espressione massima di solidarietà. Si mangiava *insieme* perché il cibo è la prima risorsa, quella decisiva delle comunità, e che deve quindi essere condivisa, costruita socialmente, non lasciata al gioco naturale della forza e del potere dei singoli individui. Il cibo è il primo linguaggio della fraternità, che tramite l'istituzione universale dell'ospitalità si apre anche a chi bussa alla porta. Per questo il *luogo* del mangiare era la casa, l'intimità della tenda. La preparazione del cibo era faccenda privata, in genere affidata alle donne, che erano le produttrici dei pasti, che trasformavano i prodotti scarsi della terra in *convivialità* e i beni in beni relazionali. La fiducia nella persona che cucinava era la prima parola del discorso sul cibo. La *credenza* non conservava soltanto gli alimenti, custodiva anche la fiducia e il *credere* nelle relazioni primarie della casa.

In pubblico, nella piazza, si mangiava invece in occasione delle feste, che nel mondo pre-cristiano erano associate ai sacrifici di animali offerti alla divinità. Gli animali offerti venivano poi cotti, cucinati e mangiati insieme in pubblico. La civiltà cristiana ha trasformato quelle antiche feste, e per superare l'arcaica logica sacrificale ha scoraggiato il cucinare, il mangiare e il bere in pubblico. Nelle feste cristiane in pubblico si ballava, si cantava, si giocava, si facevano le processioni, e soprattutto si celebrava l'eucarestia, la buona (*eu*) gratuità (*charis*), in un'altra cena, un altro pane, un altro vino. Ma si mangiava a casa e la preparazione dei cibi restava cosa privata e femminile. La grande spettacolarizzazione che stanno conoscendo il cibo e il cucinare ci sta riportando indietro alla cultura dei sacrifici, ai banchetti sacri agli idoli, al cucinare in piazza. Per capire l'autentica invasione di cuochi e di pasti non è infatti sufficiente ricorrere ai soli aspetti sociologici (dover reimparare a cucinare, o la domanda di salute): occorre scoprire la loro natura religiosa e sacrificale. Gli idoli mangiano sempre, non sono mai sazi.

In questi nuovi riti, celebrati da sacerdoti maschi, il cibo perde interamente la sua natura intima e famigliare. La sua solidarietà e la sua condivisione sono totalmente cancellate, per lasciare al loro posto la concorrenza, la gara. Le buone parole di casa diventano insulti, al pane che cade per terra non si dà un bacio ma si lancia un urlo, il cucinare non è più circondato dalle parole buone e famigliari della commensalità: è tutto e soltanto gioco, spettacolo, business. E dimentichiamo e rinneghiamo la regola base della prima educazione che per millenni le mamme hanno trasmesso ai loro figli: «Con il cibo non si gioca», perché è una cosa troppo seria, la cosa più seria di tutte, *sacra*. Invece questo nuovo-arcaico sacrificio del cibo non rende sacro niente e nessuno, e ci fa riprecipitare in un mondo ripopolato di are e di vittime: *panem et circenses*.

Ma *sacrificio* è anche una parola chiave delle nuove grandi imprese globali. Per capire l'universo del sacro aziendale, non dobbiamo fermarci ai suoi aspetti più superficiali – quali la presenza nelle imprese di *coach*, che cercano di imitare i vecchi padri spirituali; l'uso di parole prese dal linguaggio spirituale, come «missione», «vocazione», «fedeltà», «merito»; i finti riti di iniziazione e le pseudoliturgie di marketing; il disprezzo della parola «vecchio» che ormai è diventata una parolaccia o un insulto («Sei vecchio!»: tutti i culti idolatrici adorano la gioventù). Questi fenomeni sono sintomi epidermici di qualcosa di molto più profondo e radicato nell'organismo del capitalismo.

Dopo aver utilizzato, fino a pochi anni fa, linguaggi e metafore presi dalla vita militare o dallo sport, le grandi imprese capitalistiche si stanno accorgendo che per comprare il cuore dei propri dipendenti c'è bisogno di un codice simbolico più forte, e lo stanno prendendo dalla sfera religiosa.[10]

Il sacrificio è una parola centrale del culto del business. Nulla più del sacrificio è chiesto ai lavoratori delle grandi imprese: sacrificio di tempo, della vita sociale e famigliare. Il lavoro è sempre stato fatica, sudore, e quindi in un certo senso anche sacrificio. Ma il sacrificio della cultura dell'impresa del XX secolo, era trasparente in chi lo faceva e in chi lo riceveva. Tutto il movimento sindacale era riuscito a

[10] Ma, anche qui, il suo registro simbolico non lo sta prendendo dalla religione ebraico-cristiana, né, tantomeno, da altre grandi religioni (islam o induismo). Questi grandi umanesimi spirituali sono troppo complessi e resilienti per essere facilmente manipolati dal business. E allora, con un balzo indietro di millenni, tornano direttamente al totemismo e ai suoi sacrifici.

contenerlo dentro limiti politici, e quando eccedeva questi limiti non era chiamato «sacrificio» ma «sfruttamento». Abbiamo sempre saputo che dietro a molto lavoro c'erano dèi lontani che vivevano di rendita grazie ai nostri sacrifici e allo sfruttamento del nostro lavoro nei campi e nelle fabbriche: ma ne eravamo coscienti, ci soffrivamo molto, e abbiamo lottato per ridurre o eliminare queste ingiustizie. Oggi la manipolazione semantica della nostra età sta riuscendo a presentarci il di più del sacrificio come una forma di dono volontario. Siamo più sfruttati di ieri da dèi ricchissimi, ma, diversamente da ieri, dobbiamo essere felici dei nostri sacrifici, interiorizzarli come dono. Il sacrificio richiesto ai lavoratori dalle grandi imprese è un atto necessario per poter sperare nel favore degli dèi e quindi fare carriera, guadagnare molto, avere stima e riconoscimento dall'alto. Chi, invece, si rifiuta di fare questi sacrifici e di salvaguardare un confine tra impresa e famiglia, chi non accetta le richieste di restare in ufficio fino alle undici di sera, rimane fuori dal numero degli eletti e spesso sviluppa gravi sensi di colpa per il suo essere un *perdente*.

Inoltre, come nei sacrifici agli antichi dèi e idoli, le offerte e i voti non potevano mai estinguere il debito del sacrificante; oggi in queste imprese più si dona tempo e vita più vengono richiesti tempo e vita, finché un giorno esauriamo le nostre offerte – ma in questo giorno, il management ci offrirà gratuitamente il giusto coach che ci farà rialzare per recarci di nuovo all'altare e offrire altri sacrifici. L'idolo non si sacrifica, può solo ricevere sacrifici dai suoi fedeli. Gli dèi invisibili e lontani si nutrono dei sacrifici dei lavoratori, ne hanno sempre più un bisogno vitale. Ma il colpo di genio di questo capitalismo sta nell'essere riuscito a coprire con il contratto la struttura sacrificale del mercato del lavoro.

Ciò che in realtà ci chiedono è un sacrificio, ma presentandolo come contratto libero nascondono molto bene la sua vera natura. Inserendo il sacrificio della vita all'interno di un normale contratto, pagando le imprese diventano totalmente slegate e ingrate verso i loro fedeli. E il giorno in cui le opportunità di mercato e di profitti cambiano, non si sentono debitori per quei molti sacrifici ricevuti, e volano via verso nuovi paradisi fiscali; e, nell'ipotesi migliore, con poche migliaia di euro ripagano il sacrificio di una vita, il sacrificio della vita. Il sacrificio degli antichi culti doveva essere *vivo*: agli dèi si offrivano animali, bambini, vergini, raramente piante (libagioni), mai oggetti. I nuovi dèi continuano a chiedere sacrifici vivi, chiedono vita e restituiscono denaro.

La natura sacrificale di questo capitalismo non è tanto una proprietà morale delle persone, riguarda il sistema nel suo insieme. Le sue prime vittime sacrificali sono gli stessi dirigenti e manager, sacerdoti e vittime insieme.

Lo scenario probabile e cupo che si prospetta all'orizzonte della nostra civiltà è una rapida crescita di questa nuova idolatria, che dall'ambito economico sta via via migrando verso la società civile, la scuola, la sanità. Non trova opposizioni nel suo sentiero di espansione, perché ricorre a simboli religiosi che la nostra cultura non ha più le categorie per comprendere. Chi oggi vuole capire e magari governare l'economia e il mondo, deve studiare meno business e più filosofia e antropologia.

V

La parabola dei talenti e la condanna dell'economia parassitaria

> Questa parabola soffre di un malinteso diffuso, che è la conseguenza di una sfortunata collusione tra i moderni valori occidentali e le motivazioni dei redattori del Vangelo di Matteo e Luca. Soltanto i lettori occidentali, immersi negli usi e costumi del capitalismo moderno, potevano completamente smarrire il messaggio della parabola che era invece ovvio per il pubblico originario di Gesù.
>
> (R.Q. Ford, *Le parabole di Gesù*)

Alleate con l'ideologia del capitalismo contemporaneo, ci sono anche alcune letture di brani della Bibbia e del Vangelo che quindi conferiscono al capitalismo un ulteriore crisma sacrale. Tra queste, la *parabola dei talenti*[11] è tra le più note e popolari dei vangeli, molto spesso invocata per giustificare, teologicamente, le ragioni della laboriosità, dell'impresa e della meritocrazia, dello spirito del capitalismo. In realtà, anche se il testo evangelico può dare adito a una tale lettura economica, se torniamo al contesto originario della parabola scopriamo qualcosa di molto diverso, che va nella direzione diametralmente opposta alla lode dello spirito capitalista, dove l'eroe della storia di-

[11] La troviamo in Matteo (25,14-30) e in una versione simile anche in Luca (19,11-27; la parabola delle mine), dove più enfatizzata è la dimensione politica, forse plasmata sull'esperienza storica di Archelao e della sua riforma.

venta il terzo servo che il suo padrone chiama «pigro» e condanna.

Partiamo dal testo:

> Avverrà come di un uomo che, partendo per un viaggio, chiamò i suoi servi e consegnò loro i suoi beni. A uno diede cinque talenti, a un altro due, a un altro uno, a ciascuno secondo la sua capacità, e partì. Colui che aveva ricevuto cinque talenti, andò subito a impiegarli e ne guadagnò altri cinque. Così anche quello che ne aveva ricevuti due, ne guadagnò altri due. Colui invece che aveva ricevuto un solo talento, andò a fare una buca nel terreno e vi nascose il denaro del suo padrone.

Il testo di Matteo parla dunque di un uomo che parte per un viaggio, e di tre servi. All'inizio non sappiamo molto di questo uomo: è *un uomo*. Il contesto però ci dice di più.

Innanzitutto sappiamo che ha delle ricchezze e, data la struttura economica della Palestina del tempo, molto probabilmente è un proprietario terriero. La sua ricchezza sembra essere notevole. I talenti erano infatti grandi misure di peso, che variava nelle diverse culture.[12]

Poi, dallo sviluppo narrativo del racconto, sapremo che il proprietario dei talenti è un uomo con caratteristiche particolari; ma ora non lo sappiamo, ed è bene che non sappiamo se vogliamo provare a entrare veramente dentro la storia e i suoi messaggi. Inoltre, l'uomo che parte conosce i suoi servi, il loro valore e i loro limiti, perché con-

---

[12] Nella Bibbia si usa spesso il talento babilonese, corrispondente a circa 30 chili, che poteva essere d'argento o d'oro o di bronzo. Quindi anche un solo talento era una notevole quantità di ricchezza (basti pensare che nell'*Iliade* di Omero, Achille dà in premio ad Antiloco mezzo talento d'oro).

segna i diversi talenti «a ciascuno secondo la sua capacità». Quindi l'assegnazione dei diversi talenti non è arbitraria né casuale.

I talenti, poi, sono affidati dal padrone: non sono né regalati né legati al *merito* dei servi. Non sembrano essere una ricompensa né un premio per attività svolte in passato e che avevano generato meriti diversi dei tre servi. Il contesto parla solo di tre servi diversi, conosciuti dal padrone. Non abbiamo dal racconto nessun elemento per pensare che chi aveva ricevuto uno o due talenti provasse gelosia o invidia per il primo, e sembra che le diverse capacità fossero conoscenza comune (magari legate all'esperienza, agli anni di servizio, o, diremmo oggi dopo la parabola, ai *talenti* di ciascuno). L'insieme del racconto ci suggerisce comunque che il padrone alloca quei talenti in modo che quelle ricchezze possano fruttare al massimo.

Il racconto poi continua:

> Dopo molto tempo il padrone di quei servi tornò, e volle regolare i conti con loro. Colui che aveva ricevuto cinque talenti, ne presentò altri cinque, dicendo: «Signore, mi hai consegnato cinque talenti; ecco, ne ho guadagnati altri cinque». «Bene, servo buono e fedele» gli disse il suo padrone «sei stato fedele nel poco, ti darò autorità su molto; prendi parte alla gioia del tuo padrone». Presentatosi poi colui che aveva ricevuto due talenti, disse: «Signore, mi hai consegnato due talenti; vedi, ne ho guadagnati altri due». «Bene, servo buono e fedele» gli rispose il padrone «sei stato fedele nel poco, ti darò autorità su molto; prendi parte alla gioia del tuo padrone». Venuto infine colui che aveva ricevuto un solo talento, disse: «Signore, so che sei un uomo duro, che mieti dove non hai seminato e raccogli

dove non hai sparso; per paura andai a nascondere il tuo talento sotterra; ecco qui il tuo».

Il padrone torna e regola i conti con i suoi servi. Questi servi sembrano, dalle parole del testo, che avessero una certa libertà di azione e di iniziativa. I primi due, quelli con più talenti, hanno risposto alle aspettative del padrone, che ci viene mostrato come qualcuno interessato alla buona riuscita degli investimenti e degli affari – è da notare che nulla viene detto sul tipo di investimento dei talenti, sul *come* i servi li avevano raddoppiati.

La svolta narrativa arriva con il terzo servo, che invece aveva seguito una logica diversa. Innanzitutto, è il terzo che ci rivela un tratto della personalità del padrone: è un uomo «duro», che «miete dove non ha seminato, e raccoglie dove non ha sparso». Ed evoca la paura, dovuta al carattere del padrone. Questo servo ha soltanto *custodito* il talento, non lo ha trafficato. Non lo ha neanche scialacquato (come aveva fatto invece il figliol prodigo, o come ipotizza un vangelo gnostico riguardo però al primo servitore), lo ha *custodito* intatto per ridarlo indietro al padrone nel momento del suo ritorno.

La lettura tradizionale della parabola, cioè la lode per l'iniziativa e la laboriosità dei servi, suscita comunque molti dubbi e lascia aperte molte domande, anche senza essere specialisti della Bibbia.

Innanzitutto, occorre notare un aspetto che rimane, stranamente, trascurato dai commentatori. Il padrone non fa una bella figura sul piano etico. Appare come un uomo "duro", molto diverso dal "buon pastore" e dal padre misericordioso di cui ci ha parlato più volte Gesù nei vangeli e nelle parabole. Sembra un massimizzatore di denaro, uno speculatore, e ha un atteggiamento autoritario e sprezzante verso i suoi servi. La prima domanda che dobbiamo allora porci è *chi* Gesù voglia indicare con l'immagine di questo padrone. È molto arduo pensare che sia il padre celeste, né Gesù poteva identificare se stesso in quel padrone. Chi dunque?

Matteo colloca questa parabola nel contesto escatologico, in particolare nel tempo del non ritorno del Signore, ed era probabilmente un invito rivolto alla sua comunità a non attendere inerte il ritorno di Gesù, a darsi da fare nel tempo dell'attesa. Ciò nonostante, le domande e i dubbi restano. Occorre, poi, notare che il padrone rispondendo al terzo servo conferma la descrizione che quello aveva dato di lui: «Servo malvagio e infingardo, sapevi che mieto dove non ho seminato e raccolgo dove non ho sparso; avresti dovuto affidare il mio denaro ai banchieri e così, ritornando, avrei ritirato il mio con l'interesse». Qui addirittura il padrone loda il prestito a interesse, espressamente condannato dalla Legge.

Per cercare di rispondere a queste (e altre) domande, ci viene in aiuto la recente ricerca biblica, che prende sul serio l'analisi storico-socio-giuridica della Palestina degli anni Trenta d.C. Questa ricerca (Herzog 1994) ha proposto una lettura di questa parabola diametralmente opposta a quella tradizionale che leggeva nel padrone Dio o Gesù, che lodava l'atteggiamento dei primi due servi e condannava il comportamento del terzo servo.

Infatti, se leggiamo la parabola dei talenti insieme a quella delle mine, e poi le leggiamo entrambe insieme all'intero atteggiamento nei confronti del denaro e della ricchezza che emerge dai quattro vangeli, ne esce una visione totalmente ribaltata dei messaggi di questa parabola e di quella, analoga, delle mine di Luca.

La Palestina del tempo era caratterizzata da proprietari terrieri, alleati e vassalli dei romani, che detenevano le terre, sulle quali pagavano tasse. Erano dei proprietari che sfruttavano e angariavano i loro operai e i poveri, e cercavano di incentivare il *middle management* perché massimizzassero i loro redditi facendo pressioni sui loro sottoposti e sugli abitanti delle terre. Ecco allora, forse, la parabola originaria pronunciata da Gesù era, più probabilmente, una descrizione dello sfruttamento che le classi terriere esercitavano sui poveri, rappresentato dal terzo servo, chiamato «fannullone» dal padrone. È dunque possibile che Gesù narrasse quella storia, che era una descrizione molto verosimile della realtà circostante che tutti conoscevano, per condannare moralmente il padrone e condannare i primi due servi, e denunciare la condizione di vittima dei poveri che venivano defraudati dalla loro ricchezza (per i quali valeva la massima, forse un proverbio: «A chi non ha, sarà tolto anche quello che ha»). Una lettura dunque totalmente diversa da quella tradizionale, e più in linea con l'insegnamento globale di Gesù e dei vangeli, dai quali emerge una dura critica nei confronti dei padroni, e una prospettiva di riscatto delle vittime e degli ultimi. Più coerente con Lazzaro, il giovane ricco e le beatitudini.

La parabola dei talenti (e delle mine) poi fu inserita da Matteo (e Luca) all'interno delle loro teologie, fu sganciata dalla condanna delle ricchezze e dell'oppressione, e divenne un invito a darsi da fare e trafficare il Vangelo nel tempo dell'attesa del ritorno di Gesù. Ma se vogliamo capire il senso economico-sociale di quella storia narrata da Gesù, dobbiamo cercare di arrivare al Gesù prima della codificazione dei vangeli (che avviene, come sappiamo, circa quarant'anni dopo i fatti storici), e comprendere cosa Gesù pensasse di quei padroni, dei servi fedeli, e di quelli, come il terzo, che si rifiutavano di essere complici con il sistema, e si dissociavano dalle pratiche che consentivano ai primi due servi di moltiplicare la ricchezza, angariando altri poveri e piccoli contadini. In un'economia agricola e tendenzialmente statica, raddoppiare (o decuplicare, come in Luca) la ricchezza mobile era possibile solo togliendola ad altri, con sistemi di sfruttamento e di accanimento fiscale: non a caso è quello con minori capacità, quello con un solo talento, che viene condannato e a cui viene tolto tutto.

È dunque possibile che il probabile racconto originario di Gesù (se vogliamo salvare la storicità di un nucleo di queste parabole) era tutt'altro che una lode del buon uso della ricchezza e magari della meritocrazia. Forse era invece una condanna delle ricchezze inique, del sistema economico-sociale del suo tempo, che Gesù voleva trasformare per instaurare un regno diverso.

È interessante notare che, anche oggi, i propugnatori della meritocrazia, che citano molto spesso proprio la lettura tradizionale della parabola dei talenti, sono sostenitori, più o meno impliciti, di una teoria della condanna e dell'esclusione dei poveri.

VI
I tristi imperi del merito

> La sventura è di per sé inarticolata. Gli sventurati supplicano in silenzio che vengano loro fornite parole per esprimersi. Vi sono epoche in cui non sono esauditi.
>
> (Simone Weil, *La persona e il sacro*)

Il merito è il grande paradosso del culto economico del nostro tempo. Il primo spirito del capitalismo fu generato dalla radicale critica di Lutero alla teologia di merito, ma quella «pietra scartata» oggi è diventata la «testata d'angolo» della nuova religione capitalista, che sta nascendo dal cuore di paesi edificati proprio su quell'antica etica protestante anti-meritocratica. La salvezza per *sola gratia* e non per i nostri meriti fu posta al centro della Riforma protestante. Fu anche una ripresa, dopo un millennio, della polemica di Agostino contro Pelagio (Lutero era stato monaco agostiniano). La critica anti-pelagiana era essenzialmente un superamento dell'antichissima idea che voleva che la salvezza dell'anima, la benedizione di Dio, il paradiso, potessero essere guadagnati, acquistati, comprati, *meritati* dalle nostre azioni. La teologia del merito voleva imprigionare anche Dio dentro la logica meritocratica, costringendolo a punire e premiare sulla base di criteri che i teologi gli attribuivano.

La lotta al pelagianesimo fu un'operazione tutt'altro che marginale. Fu decisiva per la chiesa dei primi secoli (una lotta che in realtà, come possiamo vedere, non è stata mai vinta). Se, infatti, fosse stata la teologia pelagiana a prevalere, il cristianesimo si sarebbe aggiunto alle tante sette mediorientali apocalittiche e gnostiche, o trasformato in un'etica simile allo stoicismo. Avrebbe infatti perso la *charis* (la grazia, la gratuità), che rappresentava il suo segno specifico, e che lo distingueva nettamente dalle dottrine religiose e dalle idolatrie meritocratiche dominanti.

L'origine della religione meritocratica è dunque molto antica, si perde nella storia delle religioni e dei culti idolatrici. Il messaggio di Cristo, in continuità con l'anima profetica della Bibbia, ha operato una vera e propria rivoluzione in un mondo teologico dominato da culti economico-retributivi e dal loro merito – basta rileggere i dialoghi di Giobbe con i suoi amici per farsene un'idea molto chiara. Anche se nei vangeli e nei testi neo-testamentari ritroviamo residui meritocratici, le parole e la vita di Gesù furono soprattutto una critica radicale alla fede meritocratica, proseguita e sviluppata dalla teologia di Paolo. Per capirlo è sufficiente prendere la parabola *dell'operaio dell'ultima ora*, dove la politica salariale del padrone della vigna segue un criterio radicalmente anti-meritocratico; oppure considerare la figura del fratello maggiore nel racconto del figliol prodigo, che rimprovera il padre misericordioso proprio perché non ha seguito il registro meritocratico nei confronti del fratello – la misericordia è l'opposto della meritocrazia: non siamo perdonati perché lo meritiamo, ma è proprio la condizione di demerito che commuove le viscere della misericordia. Per non parlare delle beatitudini, che sono un manifesto eterno di non-meritocrazia. Nel suo Regno vige un'altra legge: «Siate figli del Padre vostro celeste, che fa sorgere il suo sole sopra i malvagi e sopra i buoni». La perfezione di questa etica sta nel *supera-*

mento definitivo del registro del merito: «Siate voi dunque perfetti come è perfetto il Padre vostro celeste» (Matteo 5,48).

Nonostante la chiarezza e la forza di questo messaggio, l'antica teologia economico-retributiva-meritocratica ha continuato a influenzare l'umanesimo cristiano per tutto il Medioevo, e ben oltre. Le idee neo-pelagiane continuarono a informare la dottrina e soprattutto la prassi cristiane, fino alla vera e propria malattia del mercato delle indulgenze, che si comprende solo all'interno di una deformazione in senso retributivo-meritocratica del messaggio cristiano. E come sempre accade in materia di religione, le conseguenze di queste idee teologiche furono (e sono) immediatamente sociali, economiche, politiche. Coloro considerati demeritevoli erano (e sono) condannati ed emarginati anche dagli uomini, e i meritevoli prima di guadagnarsi il paradiso nell'altra vita lo raggiungevano su questa terra, dove ai loro meriti erano associati molti privilegi, denaro, potere.

La storia dell'Europa cristiana è stata un lento processo per liberarsi da questa visione arcaica della fede, in un alternarsi di fasi storiche più agostiniane ad altre più pelagiane. Ma fino a tempi recenti non abbiamo mai pensato di costruire una società interamente né prevalentemente meritocratica. Esercito, sport, scienza, scuola, erano ambiti tendenzialmente meritocratici, ma altre decisive sfere della vita erano rette da logiche diverse e qualche volta opposte. Nelle chiese, nella famiglia, nella cura, nella società civile, il criterio base non era il merito ma il *bisogno* – altra grande parola oggi dimenticata e sostituita dai *gusti* dei consumatori. La scuola, ad esempio, è un luogo dove nessuno, o pochi, hanno messo in dubbio che l'impianto meritocratico dovesse essere quello prevalente nella formazione e valutazione dei bambini e dei giovani (anche se non l'unico).

Non pensiamo però che questa scelta, apparentemente non controversa, non abbia prodotto nei secoli conseguenze molto rilevanti. Sulla base dei meriti e dei voti scolastici abbiamo costruito tutto un sistema sociale ed economico gerarchico e castale, dove nei primi posti stavano coloro che rispondevano meglio a quei meriti, e negli ultimi quelli che a scuola ottenevano performance peggiori. E così medici, avvocati, professori universitari hanno avuto stipendi e condizioni sociali molto migliori degli operai e dei contadini; e oggi, in questa nuova ondata di meritocrazia pelagiana, i lavoratori che, giorno e notte, mantengono pulite strade e fogne ricevono salari centinaia di volte inferiori a quelli dei manager delle imprese nelle quali lavorano.

Quel merito scolastico, che sembrava così ovvio e pacifico, in realtà ha determinato privilegi e dignità molto diversi tra di loro, che hanno retto e continuano a reggere l'impianto e le diseguaglianze delle nostre società. Se oggi volessimo spezzare la spirale di ineguaglianza e di esclusione, dovremmo dar vita a politiche educative anti-meritocratiche, soprattutto nei paesi più poveri – come fummo capaci di fare in Europa nel secolo scorso con l'introduzione della scuola universale, obbligatoria e gratuita.

Oggi sarebbe più che mai urgente tornare all'antica critica di Agostino a Pelagio. Agostino non negava l'esistenza nelle persone di talento e di impegno che poi generano quelle azioni o stati etici che chiamiamo *meriti* (da *merere*: guadagnare, mercede, lucro, meretrice). Il punto decisivo per Agostino riguardava la *natura* dei doni e dei meriti. Per lui erano *charis*, grazia, gratuità. Secondo Agostino: «Dio coronando i nostri meriti, corona i suoi doni». I *meriti* non sono *merito* nostro – se non in minima parte, una parte troppo minima per farne il muro maestro di un'economia e di una civiltà. Ecco perché un importante effetto collaterale di una cultura che interpreta i talenti ricevuti come merito e non come doni, è una drammatica *carestia di gratitudine* vera e sincera. È l'ingratitudine di massa la prima nota dei sistemi meritocratici.

Quando, infatti, leghiamo la stima sociale, le remunerazioni e il potere ai talenti e quindi ai meriti, non facciamo altro che ampliare e amplificare enormemente le diseguaglianze. Persone già diseguali alla nascita per talenti naturali e condizioni famigliari e sociali, da adulti lo diventano molto di più. Nel XX secolo, soprattutto in Europa, la politica riduceva le distanze nei punti di partenza, in nome del principio di uguaglianza. Il nostro tempo meritocratico, invece, le potenzia e le estremizza. Così, se sono figlio di genitori colti, ricchi e intelligenti, se nasco e cresco in un paese con molti beni pubblici e con un buon sistema sanitario ed educativo, se la mia dotazione iniziale di cromosomi e geni è stata particolarmente felice, ne segue che frequenterò scuole migliori, maturerò più meriti scolastici dei miei compagni nati in condizioni naturali e sociali più sfavorevoli, troverò con ogni probabilità nel mercato del lavoro un'occupazione più remunerata dal sistema meritocratico. E così, quando andrò in pensione, la distanza dai miei concittadini venuti al mondo con meno talenti, si sarà moltiplicata nel corso della vita di un fattore di dieci, venti, cento.

Non capiamo allora l'aumento delle diseguaglianze nel nostro tempo se non prendiamo molto sul serio la sua radice: il forte aumento della teologia meritocratica del capitalismo. E non capiamo la crescente colpevolizzazione dei poveri, sempre più considerati non come *sventurati* ma come *demeritevoli*, se non consideriamo l'avanzare indisturbato della logica meritocratica. Se, infatti, interpreto i talenti ricevuti (dalla vita o dai genitori) come merito, il passo di considerare immeritevoli e colpevoli coloro che quei talenti non li hanno, diventa molto, troppo, breve. L'asse dei mondi meritocratici non è il paradiso, ma l'inferno e il purgatorio. Sono i demeriti i protagonisti degli imperi del merito.

Tutte le teologie meritocratiche, prima di essere una teoria del merito, sono una teoria e una prassi del *demerito*, delle colpe, delle espiazioni. Si presentano come umanesimo, personalismo e liberazione, ma diventano immediatamente un meccanismo di creazione di colpe e di pene, una produzione di massa di peccati e di peccatori che poi gestiscono e controllano con un complesso sistema teso a ridurre quelle pene su questa terra e in cielo. Gli universi meritocratici sono abitati da pochissimi eletti e da una moltitudine di dannati che sperano per tutta la vita in sconti di pena. Ieri e oggi, il posto dei predicatori pelagiani lo hanno preso i nuovi evangelizzatori della meritocrazia nelle imprese e ormai ovunque, nei loro templi, stanno ricreando nuovi fiorentissimi mercati delle indulgenze, nei quali la moneta per comprare il paradiso, o almeno il purgatorio, non è più il denaro né i pellegrinaggi a Santiago, ma il sacrificio di interi brani della propria vita, carne e sangue. Il controllo delle anime non avviene più nei confessionali e nei manuali per confessori, ma negli uffici di *coaching* e *counseling* e, soprattutto, grazie al meccanismo dei contratti incentivanti, che accordano perfettamente i premi e le pene ai meriti e ai demeriti, definiti dettagliatissimamente dalla divinità-impresa e implementati dai suoi sacerdoti.

Ieri e oggi le meritocrazie hanno un solo grande nemico: la gratuità, che temono più di ogni cosa perché scardina le gerarchie e libera le persone dalla schiavitù dei meriti e dei demeriti. Solo una rivoluzione della gratuità – urlata, desiderata, vissuta, donata – potrà liberarci da questa nuova inondazione di pelagianesimo, se durante questo tempo di schiavitù e di lavori forzati a servizio del faraone non smetteremo di sognare insieme una terra promessa.

VII
La meritocrazia spirituale dei leader

> La spiritualità al lavoro sembra essere un nuovo e significativo paradigma manageriale che i dirigenti aziendali potranno sfruttare al fine di migliorare le proprie organizzazioni aumentando, fra gli altri, i livelli di impegno organizzativo, soddisfazione e performance dei propri dipendenti.
>
> (Sofia Lupi, *La spiritualità nelle organizzazioni*)

Nel mercato della spiritualità sta rivivendo l'antica legge di Gresham: la moneta cattiva scaccia la moneta buona. Questa legge scattava ogni volta che nelle piazze giravano due tipi di moneta: quella buona e quella falsa non facilmente riconoscibile come tale. La moneta cattiva infestava le piazze, e nel giro di poco tempo quella buona scompariva dalla circolazione. Il culto capitalistico-meritocratico, più leggero e di veloce circolazione, sta spiazzando le fedi genuine tradizionali, spacciando i suoi culti totemici per grandi innovazioni, che poi rischiano di infettare anche ciò che resta delle antiche fedi, affascinate e sedotte anch'esse dal nuovo culto. La prima grande operazione del capitalismo di ultima generazione è stata la riduzione delle religioni e della spiritualità a merci. La seconda recentissima operazione è un autentico capolavoro: trasformare le grandi imprese nei primi consumatori di queste merci spirituali.

Pensiamo ai riti aziendali, la nuova moda nelle grandi imprese, dove ritroviamo sempre più forme liturgiche e rituali tipici delle antiche idolatrie. Gruppi di lavoro abbandonati per alcuni giorni nelle foreste e nei deserti, per iniziazioni collettive e *team building*; giochi di ruolo sempre più bizzarri per aumentare lo spirito di squadra; sessioni di *escape room*, dove le persone vengono richiuse per un certo tempo, devono risolvere enigmi, e poi riuscire a fuggire nel tempo stabilito. Veri e propri riti sociali stanno sostituendo gli ormai arcaici esercizi di fiducia, dove qualcuno si lasciava cadere indietro mostrando così di affidarsi agli altri membri del gruppo.

Quando, alcuni anni fa, questi giochi per adulti furono introdotti in alcune aziende innovative, le prendevamo tutti un po' come dei momenti di ricreazione, e ci divertivamo pure. A un certo punto, però, il gioco è scappato di mano, abbiamo smesso di ridere, ci hanno convinto che era tutto una cosa seria, serissima. E ci abbiamo creduto. Anche le tradizionali *convention*, dove tutti i dipendenti indossavano la divisa (o magliettina) aziendale, dove si intonavano i tristi inni dell'impresa, sono oggi sostituiti da liturgie più sofisticate. Tra queste il teatro aziendale, dove durante le feste i dipendenti rappresentano delle *pièces*, scritte o riviste dai consulenti, per sublimare i conflitti e le frustrazioni del lavoro.[13]

Non stupisce, allora, che un'ultima frontiera delle grandi imprese sia la *spiritualità nel management*, che sta conoscendo un vero e proprio boom. Si moltiplicano convegni, corsi, libri su temi molto affascinanti: "Amore e perdono nel management", "Come formare leader spirituali", "Interiorità e leadership", e molto altro. E così si invitano in azienda guru di ogni religione antica e nuova, purché

[13] Oppure ai cosiddetti *road show*, dove il top management si reca in visita nei reparti e nelle filiali per incontrare direttamente i lavoratori nel loro ambiente. Vere e proprie visite pastorali che si alternano a quelle *ad limina*.

riescano ad aumentare il capitale spirituale delle imprese, a coltivare il karma aziendale. Nelle imprese iniziano a fare la loro comparsa le *meditation room* dove poter trascorrere alcuni minuti (ben contingentati) per recuperare energia spirituale. O a essere prodotte vere e proprie liturgie e preghiere aziendali, con cui iniziare le riunioni di lavoro o i ritiri spirituali aziendali. Questi riti e liturgie laiche sono ben conosciuti da tempo nel mondo dell'economia. Ma fino a poco fa erano segreti, per pochi, e fortemente osteggiati dalle chiese e dal mondo del lavoro. Oggi sono pubblici, popolari, lodati da (quasi) tutti.

Un ambito dove questa ondata di spiritualità è particolarmente evidente e pericolosa è il variegato mondo della leadership. Leader e leadership, declinati con aggettivi sempre più creativi, stanno diventando le prime parole d'ordine di questa nuova religione, che si sposa perfettamente con l'ideologia meritocratica. Parole come responsabili, dirigenti, capiufficio, sono ormai diventate vecchie e superate, legate a un capitalismo troppo banale. Ecco allora che emergono questi nuovi termini, pronunciati sempre nella lingua sacra inglese: i leader. Questi, diversamente dai vecchi dirigenti, devono avere carisma, fascino, attrattività. Nelle nuove imprese è indispensabile ottenere il consenso dell'anima e del cuore, non basta quello del contratto, e solo un leader può guadagnarsi questo tipo di adesione dello spirito. Per la stessa natura della leadership, non tutti possiamo essere leader. Ecco allora arrivare consulenti e professionisti che sanno riconoscere nei lavoratori i segnali di vocazione alla leadership. Li selezionano, li formano, li avviano alla loro missione, che nella sua essenza consiste nella capacità di manipolare il consenso delle persone da loro guidate, portandole a dare un assenso volontario alle proposte del leader. Lo scopo ultimo del leader è infatti l'adesione intenzionale e libera dei seguaci agli obiettivi del gruppo, che vengono interiorizzate e seguite grazie all'abilità e al carisma del leader. È il superamento definitivo della gerarchia e della coercizione: il leader ha il dono di trasformare ordini esterni in ordini interiori, dove ogni seguace aderendo intimamente alle sue direttive obbedisce solo a se stesso, realizzando così la più grande *autonomia* del lavoratore-seguace. Si realizza finalmente il sogno di un sistema di produzione "fraterno", non più basato sul conflitto e sulla lotta, ma sul consenso libero e reciproco del cuore.

Se, allora, andiamo a guardare bene tra le righe della nuova teoria e prassi della leadership di ultima generazione scopriamo, e qualche volta leggiamo, che la figura del leader ideale è quella del *profeta*: cioè qualcuno seguito liberamente e con gioia per la forza del suo carisma, per la sua autorevolezza, per il suo fascino spirituale. Qualcuno che ha la capacità di convertire interiormente i suoi seguaci senza bisogno di nessun comando né controllo, perché i lavoratori interiorizzano la sua parola, diventando perfettamente autonomi e legge a se stessi. E soprattutto *felici* di seguirlo.

La leadership di ultima generazione si presenta allora come leadership spirituale, dando vita a una nuova forma di meritocrazia: la "meritocrazia spirituale" (Shawn Van Valkenburgh). Questo *new age* aziendale del terzo millennio, mettendo insieme meritocrazia e spiritualità, sta implementando perfettamente quella religione retributivo-economica contro la quale avevano lottato con tutte le loro forze Giobbe, i profeti e poi il cristianesimo. È sconvolgente che tutto stia avvenendo non solo nel silenzio del mondo amico del lavoro vero e della gente, ma anche di buona parte del mondo ecclesiale e in generale delle religioni vere. Tra i guru invitati a parlare di spiritualità ai manager troviamo sempre più monaci e sacerdoti, e stanno crescendo i corsi di leadership per parroci e leader di comunità religiose, organizzati e venduti, ovviamente, dalle stesse società di consulenza e *business school*.

Purtroppo i promotori e divulgatori di queste quasi-teorie non sanno che i profeti biblici e i fondatori di autentici movimenti carismatici non si sono mai considerati dei leader. I principali profeti della Bibbia (da Mosè a Geremia), quando ricevono la chiamata di Dio oppongono resistenza, proprio perché non si sentono leader, né, tantomeno, vogliono diventarlo. Il solo pensiero di essere dei leader li terrorizzava. Dove invece si radunavano spontaneamente molti uomini che bramavano di diventare leader erano le scuole profetiche, che sfornavano moltitudini di *profeti per mestiere* e, soprattutto, molti falsi profeti e ciarlatani. La prima legge che la grande sapienza biblica ci ha lasciato recita: «Diffidate da chi si candita a diventare profeta, perché è quasi sempre un falso profeta», un imbroglione, o, diremmo oggi, semplicemente un narcisista. La storia e la vita vera ci dicono che si diventa leader non volendolo diventare. Ma soprattutto ci dicono che quando le comunità si sono messe a disegnare a tavolino classi di leader, hanno finito nella migliore delle ipotesi con un buco nell'acqua, e nella peggiore formando dei mostri, anche quando mosse dalle migliori intenzioni.

Soltanto un paio di decenni fa, quando erano ancora vive e attente la tradizione sindacale e la cultura del lavoro vero, questi fenomeni sarebbero stati denunciati come abusi della peggiore fatta, combattuti e, soprattutto, ridicolizzati e sbeffeggiati, avrebbero sommerso con sdegno e risate questa nuova sotto-cultura. Oggi invece, nella crisi spirituale ed etica nella quale siamo sprofondati, queste manipolazioni si presentano come innovazione, umanesimo, governance partecipativa, modernità, e accolti con entusiasmo.

Oggi alle imprese dobbiamo chiedere più laicità, molta più laicità. Che facciano il loro mestiere e ridimensionino le loro mire imperialiste nel mondo e nell'anima. Dalle imprese non vogliamo né profeti né salvezza, ma che ci lascino più spazi, un pezzo di terra libera dove possiamo coltivare le piante e i fiori che ci piacciono. Le imprese possono fare molte cose buone, ma non tutte. Le aziende che vogliano sinceramente aumentare il benessere dei loro lavoratori (e ce ne sono), quelle che hanno capito che la coltivazione della vita spirituale li fa vivere meglio, lascino loro un tempo adeguato per coltivare queste dimensioni essenziali della vita *ma al di fuori del posto di lavoro*. Con la loro famiglia, con i loro amici, con le loro comunità. Non cerchino il monopolio delle nostre vite e delle nostre anime. La spiritualità che fa bene e che fa vivere richiede più aria di quella possibile dentro gli uffici, più cielo di quello che si vede dalle finestre delle imprese, più luce di quella delle lampade led. E soprattutto ha bisogno di due parole che poi sono una: libertà e gratuità. Arte, fede, preghiere sono tra le espressioni umane più belle e sublimi se e perché non sono finalizzate a nulla che non siano la bellezza, la fede, la preghiera. L'unico *fine* che possono avere è l'*infinito*.

Quando, invece, cerchiamo di orientarle, di finalizzarle, di usarle, queste realtà meravigliose diventano delle caricature, dei giocattoli, qualche volta dei mostri. Dietro l'offerta e la domanda di spiritualità che sta emergendo dal capitalismo ci sono certamente anche buone intenzioni, mescolate con manipolazioni e molta ingenuità. Ma gli effetti più importanti nelle realtà sociali e organizzative sono quelli non intenzionali e di medio periodo. Se oggi sottovalutiamo il movimento di spiritualità aziendale, non lo critichiamo e lo incoraggiamo, forse domani per trovare una messa in città dovremo chiedere di essere ospitati da un'impresa. Sarà una messa laica e spiritualissima, ci verrà offerta gratuitamente. E noi ringrazieremo.

VIII
La bella laicità della strada

> Le mie parole sono troppo difficili per te, per questo ti suonano troppo facili.
>
> (Yehuda Ha-Levi, *Kuzari*)

La legge aurea del mutuo vantaggio è alla base di molta vita buona degli esseri umani. Il mercato è una rete di scambi di interessi reciproci, ma anche le associazioni e persino le comunità e le famiglie possono essere descritte come un intreccio di relazioni mutuamente vantaggiose. Nei processi educativi, nelle azioni tese alla riduzione delle vulnerabilità economiche e sociali, se ci muoviamo dentro il registro del mutuo vantaggio abbiamo più speranze di dar vita a pratiche rispettose della dignità della persona, più responsabili, meno paternalistiche. Per questa ragione, sono sempre stati molti i sapienti di ogni tempo ad aver individuato nella *reciprocità* (non nell'altruismo né nell'interesse individuale) la prima regola della vita comunitaria e sociale.

Ci sono però dei luoghi del vivere dove cercare il mutuo vantaggio non è bene, perché soddisfare i reciproci interessi porta solo e semplicemente allo snaturamento e alla degenerazione di quei rapporti. Uno di questi ambiti è quello della spiritualità.

Il nostro tempo conosce una grande offerta di spiritualità a buon mercato, anche nel mondo delle grandi imprese. Il capitalismo di ultima generazione, intuendo che i lavoratori sono esseri spirituali e simbolici, cerca di offrire un po' di spiritualità anche nel posto di lavoro. Per un mutuo vantaggio: più felici i lavoratori, più produttivi i team di lavoro, più profitti per le imprese. Ma la spiritualità vera e seria è difficile da offrire e da domandare, tanto più in una cultura come la nostra che ha perso contatto con le fedi e con la pietà popolare – e la stessa parola spiritualità è diventata ambigua. Capire e apprezzare oggi una preghiera o un salmo è difficile almeno quanto capire e apprezzare le sinfonie di Mahler o di Respighi. Siamo dentro un immenso processo di analfabetismo spirituale di ritorno. Abbiamo perso capacità di vita interiore, di pace dell'anima e di silenzio del cuore. Abbiamo accelerato lo scorrere del tempo, e poi lo abbiamo riempito in ogni sua frazione. E quando proviamo a prendere in mano la Bibbia, un libro di poesie o di vera spiritualità, ci appaiono difficili, lontani, troppo lontani, muti. Non ci parlano, non li capiamo, non li amiamo, non ci amano.

La spiritualità autentica non è un bene di consumo, non aumenta il nostro comfort. Non è equivalente a un massaggio né a una doccia emozionale nella SPA degli hotel dove si svolge la convention aziendale. Nel benedetto giorno in cui incontriamo una spiritualità vera e ci sentiamo chiamati dentro a iniziare un nuovo cammino meraviglioso, comincia una vera liberazione. Entriamo in crisi, siamo ribaltati dentro, spesso all'inizio perdiamo produttività, non aumentiamo efficienza, perché per molto tempo, a volte per anni, siamo troppo distratti da "cose" che le imprese non vogliono. E così, in cerca del mutuo vantaggio, il mercato abbassa i prezzi e offre imitazioni della spiritualità, facili e innocue, che ci intrattengono, ci attivano le emozioni più semplici che quando si placano ci lasciano come ci avevano trovati. Quelle emozioni che non ci chiedono nessuna conversione, e che ci confermano, quieti, in quanto facevamo ed eravamo già. Invece delle sinfonie ci offrono canzonette orecchiabili che riprendono strutture melodiche e armoniche delle opere vere, magari cantate qualche volta da star dell'Opera. E siamo tutti felici: le imprese, i lavoratori, i cantanti. Soffrono solo Mahler e Respighi, e chi li ama e li stima. Meglio Paulo Coelho del libro del profeta Isaia, il Vangelo di Tommaso di quello di Marco.

È questo un tipico caso in cui non è vera la regola del «Meglio poco che niente», perché quel «poco», non essendo una porzione o un assaggio dello stesso bene, ma una merce di altra natura, (quasi) sempre la canzonetta spegne il desiderio delle sinfonie.

Questo riduzionismo della fede e della spiritualità a bene di comfort, sta influenzando decisamente anche quel poco che resta della vita religiosa e spirituale delle chiese, delle parrocchie e delle comunità religiose, nuove e antiche. Questo è un altro dei molti paradossi del nostro tempo confuso, un altro eloquente segno della natura religiosa-idolatrica del capitalismo.

La spiritualità ridotta a bene di consumo, considerare il fedele come un cliente portatore di gusti da soddisfare al meglio, offerte religiose tese a rispondere alla domanda di consumo spirituale, stanno infatti sempre più caratterizzando il nuovo panorama religioso.

Nel corso dalla sua lunga storia, l'umanesimo ebraico-cristiano è stato più volte profondamente influenzato anche dalla logica del mercato. La Bibbia abbonda di episodi, di racconti, di parole, prese in prestito dal lessico e dalla mentalità dell'economia del tempo. Il commercio e l'economia hanno sempre offerto categorie e parole per interpretare e raccontare le vicende religiose.[14]

Ma – e qui sta il punto cruciale – quelle economiche e commerciali sono sempre state categorie e parole che hanno sistematicamente condotto le fedi *su strade sbagliate*, più facili, ma cattive. I profeti, alcuni libri sapienziali, hanno cercato di raddrizzare quelle strade storte, mostrando un altro Dio e un altro uomo liberati dalla logica commerciale e dalla religione retributiva. Nel cristianesimo non ci siamo ancora liberati del tutto della "teologia dell'espiazione", che ci ha fatto leggere per molti secoli l'incarnazione e la morte di Gesù come il pagamento di un prezzo a un Dio-Padre detentore di un credito infinito verso l'umanità per i nostri infiniti peccati e debiti, che poteva essere ripagato-appagato solo dal sacrificio del suo Figlio unigenito. Una teologia-ideologia economico-retributiva che ci ha allontanato molto dalla Bibbia, ci ha velato le pagine più belle dei vangeli, di san Paolo, e che ha deformato l'idea di Dio e degli uomini. Le metafore e i linguaggi non sono mai strumenti neutrali: le parole creano, tutte, anche quelle sbagliate.

Oggi stiamo vivendo un'altra stagione di profonda influenza dell'economia sulla fede e sulla spiritualità, la più grande e potente di tutte quelle che abbiamo conosciuto lungo la storia. Il mercato sta cambiando progressivamente quella cultura religiosa che prima aveva combattuto e ridotto a merce, e sta creando nuove "teologie dell'espiazione e dei debiti", più potenti delle antiche, per l'inedita potenza di questo nostro mercato.

[14] Non capiamo l'Alleanza senza conoscere i trattati commerciali del tempo, né la Legge (*Torah*), né gli amici di Giobbe, né molte parole del Nuovo Testamento senza considerare l'economia, neanche il Medioevo cristiano.

Il fenomeno è molto vasto. In superficie si manifesta nell'ingresso del linguaggio, delle categorie aziendali e del management dentro le parrocchie e i movimenti. Leadership, velocità, efficienza, e persino merito, sono parole che ormai costituiscono il vocabolario ordinario di molte comunità, movimenti, parrocchie, famiglie.

Ma dobbiamo guardare oltre la superficie se vogliamo vedere le cose più interessanti. Pensiamo, ad esempio, al crescente sviluppo di "liturgie emozionali", dove si coinvolgono le persone attivando soprattutto la loro dimensione sentimentale ed emotiva. La gente arriva in chiesa o nei gruppi religiosi influenzata da una cultura centrata sul consumo che attiva sempre più le emozioni e, in linea con la cultura edonista di questo capitalismo, incoraggia la ricerca del piacere. E così chiede, più o meno consapevolmente, che anche le liturgie e le pratiche religiose soddisfino i bisogni emotivi. Se i responsabili di comunità e movimenti cedono alla logica economica del "mutuo vantaggio", abbassano i prezzi, e soddisfano le preferenze dei consumatori-fedeli che diventano presto fedeli-consumatori.

È difficile cogliere questa deriva consumistica della fede, perché la liturgia e l'esperienza delle fedi sono sempre state eventi globali, che hanno coinvolto la persona intera, incluse le sue emozioni. Tutti i sensi sono attivati nelle esperienze spirituali: gli occhi che guardano la bellezza dell'architettura, delle vetrate e degli affreschi, le mani che stringono altre mani, l'orecchio che ascolta la musica... Ma anche i culti idolatrici e totemici erano e sono esperienze sensoriali globali che la Bibbia e i cristiani hanno duramente combattuto. Non avremmo avuto duemila anni di civiltà cristiana se nei primi tempi avessero prevalso le dimensioni emotive e di consumo nelle liturgie. Quella Rivelazione sarebbe stata riassorbita dai culti naturali circostanti. Perché, come ci ricorderà sempre la grande tradizione sapienziale, la strada che conduce ai templi è piena di tranelli e di alcune trappole mortali.

Esiste allora un punto critico sull'asse del consumo emotivo che non occorre superare. Senza il coinvolgimento dell'emotività la spiritualità non diventa carne, e non salva; ma se la dimensione emozionale e di consumo diventa l'unico o solo il principale registro della fede, è troppo probabile perdere contatto con il mondo biblico e ritrovarsi, senza né volerlo né saperlo, in un banchetto idolatrico, dove le prime vittime sacrificali siano noi. Le comunità cristiane hanno dovuto lottare non poco per far sì che le loro cene non fossero quelle tanto comuni nei riti dei popoli del Mediterraneo, per dire che l'eucarestia era tutto e solo gratuità e comunione donata, ricevuta, ridonata, rendimento di grazie. E per questo chiamavano quella cena col nome più bello: *agape*, lo stesso nome del loro Dio diverso.

Si vince l'eterna tentazione del consumismo idolatrico quando non si trattengono le persone dentro le liturgie, quando dalla "spiritualità-consumo" si passa alla "spiritualità-produzione", alla moltiplicazione della comunione al di fuori del tempio, non sotterrando il talento nelle cripte delle chiese. Invece l'enfasi sulla fede emotiva blocca le persone nelle case e nelle chiese, le ancora ai divani e alle panche, non le fa uscire per liberare qualcuno, almeno uno, almeno se stessi. L'enfasi sul consumo individuale e collettivo di beni religiosi trasforma inevitabilmente le comunità in club, ci allontana dalla storia, dall'incarnazione, dalle periferie, dai poveri. E quando finisce la liturgia emozionale, di quel cibo non resta nulla. L'autentica vita spirituale non è un'aspirina ma una sostanza a lento assorbimento, che porta frutto a tempo debito, quando ci ritroviamo dentro qualcosa e Qualcuno che era cresciuto in silenzio nel nostro campo, mentre noi ci occupavamo di altro, *degli altri.* La fede di solo consumo non ci aiuta a camminare nella vita fuori dal tempio. E muore la bella laicità della strada.

IX
L'epoca della moneta onnipotente

In un mondo dove con la moneta si compra tutto,
la moneta diventa tutto.
(Giacomo Becattini, tratto da una conversazione privata)

Fin dall'aurora delle civiltà, il denaro ha avuto la tendenza invincibile a entrare nel territorio del sacro. I custodi del sacro hanno cercato di contenere il denaro dentro i suoi argini, ma in alcuni momenti della storia la moneta e il sacro sono diventati alleati, e hanno dato vita a culti idolatrici e a molte varianti di mercati delle indulgenze. Nel nostro tempo l'esondazione della moneta ha generato un culto economico molto più radicale e pervasivo di quello delle età precedenti. Ma questa nuova patologia religiosa non sta generando anticorpi e riformatori capaci di capire la gravità di questo nuovo mercato globale delle indulgenze, e reagire con efficacia.

La distinzione-separazione tra sacro e profano è un asse fondamentale delle religioni e delle culture, anche se le esperienze che i popoli hanno fatto e fanno del sacro e del profano sono molto diverse tra di loro, e occupano l'intero spettro che va dal sacro che attrae e seduce fino al sacro che terrorizza perché *tremendo*. L'umanesimo biblico conosce questa stessa separazione, ma è anche attraversato da un grande e continuo tentativo di spezzare la soglia che separa sacro e profano, città e tempio. La sua anima profetica e sapienziale è stata, infatti, una lunga e tenace pedagogia per insegnarci che il "luogo di Dio" non era né la tenda né il tempio, ma la terra. Tutto il mondo è sacro perché *creazione*, e quindi tutto il mondo è profano, perché Elohim è presente sulla terra senza diventare la terra né le sue cose. Per questo, al culmine della rivelazione biblica, leggiamo che nella nuova Gerusalemme «non vidi in essa più alcun tempio» (Apocalisse 2,22-27).

La separazione sacro-profano era (ed è) soprattutto un sistema di controllo sociale, di creazione e di rafforzamento delle gerarchie e delle caste. La prima e originaria distinzione sacro-profano generava, infatti, l'altra separazione altrettanto radicale *puro-impuro*. Gli impuri non avevano accesso al sacro, il luogo della purità, che era tale se e in quanto non contaminato dall'impurità. Nel mondo delle religioni è stato sempre difficile aiutare e riscattare veramente i poveri perché, essendo in genere impuri, non potevano essere toccati dai puri.

Anche lo sviluppo dell'economia e quindi della moneta è profondamente legato a questa radicale distinzione del *e* nel mondo. Al centro delle economie monetarie troviamo, però, un elemento che nel tempo si è rilevato decisivo per le sorti dell'Europa, del mondo, del capitalismo: la moneta è *esente* dalle leggi della purità-impurità. Diversamente da oggetti, animali, persone, materiali organici, la *moneta* non diventa impura quando viene *toccata* da persone o cose impure – sono rare le esperienze di lebbrosari e di villaggi di lebbrosi nei quali circolava soltanto una moneta speciale che non poteva uscire al di fuori di quei confini rigidamente disegnati e gestiti dai "puri".

Questa speciale *immunità del denaro* è tanto significativa quanto poco esplorata. A differenza di tutte le altre cose che diventano impure se toccate da un essere o da un oggetto impuro, *la moneta a contatto con l'impurità non diventa impura*. Il primo strumento che i cambiavalute medioevali utilizzavano per testare la non falsità delle monete erano i denti: venivano morse negli angoli, e la prima abilità di quei proto-banchieri iniziava dalla sensibilità dentale. Una moneta talmente pura da poterla introdurre in bocca. *Pecunia non olet* (la moneta non puzza) esprime anche questa antica immunità e non contaminazione del denaro, che ritroviamo in varie forme in tutte le civiltà. Al tempo stesso, anche per l'influenza decisiva del cristianesimo, nel Medioevo il denaro era anche "lo sterco del demonio", che in quanto tale puzza, eccome. Puzza, ma il suo contatto non contamina. È l'unico sterco che non rende impuri.

Non stupisce, allora, che nell'Europa cristiana fossero soprattutto gli ebrei, confinati nei loro ghetti, a gestire il denaro, e che nell'India tradizionale fossero prevalentemente i *paria* a svolgere le funzioni bancarie. Gli scartati, perché considerati portatori di una qualche impurità, che toccando le monete le trasformano nell'unica cosa che può circolare tra tutti senza contaminare nessuno – due negativi moltiplicati tra di loro che diventano magicamente un positivo.

Questa speciale protezione dall'impurità ha così consentito alle monete di essere scambiate ovunque e con chiunque: tra cristiani, ebrei, musulmani, fedeli e infedeli, persino con popoli che quelle religioni consideravano idolatri. Non avremmo avuto lo sviluppo dei commerci nel Medioevo e poi la nascita del capitalismo globale senza questo statuto speciale di immunità e di esenzione del denaro.

Questo lasciapassare speciale di cui godevano le monete, valeva anche per entrare nel regno dei morti. È antichissima e diffusa la tradizione di mettere monete sul corpo, sugli occhi, sulla bocca dei defunti.[15] E così, per estensione, si mettevano monete nelle tombe per il pagamento del pedaggio a Caronte, o per saldare ipotetiche colpe-debiti non ancora pagati all'arrivo nel regno dei morti. In questa creativa partita doppia tra cielo e terra, la moneta diventava il mezzo per cancellare nell'aldilà colpe maturate nell'al di qua. È molto emblematico questo pagamento dell'obolo per l'attraversamento dell'*ultima* soglia. La moneta che diventa l'oggetto sulla terra più simile agli dèi e l'oggetto più profano, la cosa che puzza di meno e quella che puzza di più, ma non sottoposta alle prime leggi religiose dell'impurità, che quindi può essere toccata da tutti senza nessuna conseguenza.

Così, quando sulla fine del Medioevo a qualche possessore di moneta venne in mente di usare il denaro per pagare qualcun altro per adempiere una propria promessa o un voto (crociate, pellegrinaggi), di pagare poveri perché pregassero e facessero penitenze per loro conto, o addirittura di comprare con il denaro anche lo sconto di anni di purgatorio o un pezzo di paradiso, non si fece nulla di veramente innovativo perché le monete avevano sempre avuto anche una natura e un potere sovrannaturali. Nel mondo biblico e nei vangeli la moneta impura occupa un ruolo importante. Ma l'impurità delle monete era legata alla presenza su di esse di immagini di re, animali o in ogni caso idolatriche. Anche se non senza fatica e disagio, gli ebrei però maneggiavano e toccavano le monete che apparivano loro impure. C'era un solo luogo nel quale quelle monete non potevano entrare: il tempio. Al suo interno erano ammesse

[15] I sacerdoti egizi si rifiutavano di trasportare lungo il Nilo i morti che non avevano saldato i debiti prima di morire.

solo monete senza immagini idolatriche, e quelle monete pure erano il linguaggio con cui comunicare con YHWH attraverso i sacrifici e le offerte.

Il "disincanto del mondo" e la desacralizzazione della terra sono il risultato anche, e in un certo senso soprattutto, del lasciapassare che la moneta ha ottenuto in tutte le soglie visibili e invisibili.

Se poi guardiamo bene, scopriamo altri aspetti interessanti nascosti sotto l'immunità della moneta. L'esenzione della moneta dalle regole di purità-impurità non ha né eliminato né ridotto i sistemi castali nel mondo, ma li ha rafforzati, ne ha creati di nuovi, li ha esasperati. Innanzitutto, anche nel rapporto con la moneta gli impuri sono sempre esistiti e continuano a esistere. Erano e sono coloro che non sono nelle condizioni di possedere la moneta, *coloro che non la toccano*. Per un altro paradosso dell'economia, l'impurità delle società monetarie nasce da un non-contatto: è impuro chi non può toccare la moneta. Impuro perché povero, escluso, scartato dai paradisi dei ricchi e dei capienti, dal club del mercato. Ieri e oggi.

Ma c'è ancora qualcosa di più radicale e quindi poco visibile a occhio nudo. Nell'antichità, la moneta che passava tra le varie classi sociali e le oltrepassava, consentiva che i ricchi e i bramini potessero utilizzare i servizi dei lavoratori manuali e dei poveri *senza doverli "toccare"*, senza il bisogno di entrare in un rapporto personale con essi. Pagando qualcosa, in genere molto poco, i detentori del potere dato loro dalla moneta riuscivano e riescono a usufruire di braccia e di mani senza toccarle. Con lo sviluppo dell'economia di mercato e poi del capitalismo finanziario, la moneta è così diventata il grande *mediatore* del nostro tempo, lo strumento che ci consente di vivere vicini senza toccarci per non contaminarci, per non farci *ferire* dalla diversità. Con la smaterializzazione del denaro che, grazie alla tecnica, sta conoscendo la nostra epoca, si è amplificata la natura spirituale del denaro, che, come gli dèi più evoluti, non si vede ma opera, agisce, salva, condanna. La moneta elettronica invisibile media sempre più i nostri rapporti reciprocamente immuni, con la novità che non è più necessario *toccare neanche la moneta*, divenuta magicamente un "mediatore nullo". Non vediamo più i *paria* che toccando la moneta la purificano con la loro impurità, ma nel sottosuolo del nostro capitalismo tanti continuano a *lavare* denaro sporco: nuovi fuoricasta, la stessa antica funzione.

C'è, infine, un'ulteriore, decisiva, novità della nostra civiltà della moneta invisibile e onnipotente se confrontata con quelle passate. Fino a tempi recenti, le cose acquistabili con la moneta erano tutto sommato poche e quasi mai decisive. Con essa non si potevano acquistare i beni più importanti della vita, ma solo una piccola parte di salute, una piccola parte di stima, una parte (meno piccola) di comfort e di cura. Per millenni le monete compravano poco, certamente non tutto, e soprattutto erano poche e per pochi. La sua natura sacrale e misterica dipendeva anche dalla sua scarsità e quindi dall'ignoranza e incompetenza che sperimentava la grande maggioranza delle persone che entravano in contatto con essa – simili a quelle che oggi sperimenta la stragrande maggioranza delle persone nei confronti della nuova finanza.

Oggi con la moneta invece si compra molto, si vorrebbe comprare quasi tutto, ci stanno convincendo che si possa e si debba comprare tutto: dalla salute alla giovinezza, dalla giustizia alla bellezza. Ecco allora ritornare un nuovo mercato globale delle indulgenze, dove con il denaro si promettono e si comprano paradiso e purgatorio, dove i ricchi dai poveri comprano tempo, servizi, cura, vita. Non si paga più un povero perché preghi per noi o vada al nostro posto alle crociate o a Santiago di Compostela, ma perché ci venda un rene, ci generi un bambino, o ci aiuti a morire.

La moneta continua a voler comprare il paradiso. E noi glielo consentiamo, anche perché ci siamo dimenticati di com'era quello vero.

X
La socialità a buon mercato

> Questa è la caratteristica di un animo grande e nobile: non ricercare un utile dai benefici fatti, ma badare al beneficio in se stesso.
>
> (Seneca, *De beneficiis*)

Sine merito: senza merito. Era questo il nome con cui tra Medioevo e modernità venivano chiamati i primi *Monti di pietà*, quelle proto-banche popolari create e promosse dai francescani dell'Osservanza. Per sottolineare la loro natura di istituzioni umanitarie o filantropiche, si negava la presenza del merito. Qualche secolo prima, Bernardo di Chiaravalle descriveva la passione di Cristo come: «*Donum sine pretio, gratia sine merito, charitas sine modo*; dono senza prezzo, grazia senza merito, amore senza misura». Per dire dono escludeva il prezzo, per dire amore eliminava la misura, per dire grazia negava il merito. Merito prezzo misura, da una parte; dono grazia carità, dall'altra.

Queste distinzioni e opposizioni hanno retto l'ethos e la spiritualità dell'Occidente per molti secoli, finché la cultura capitalista, con la sua nuova religione neo-pelagiana e quindi meritocratica, ci ha finalmente convinto che tutte quelle parole fossero invece dalla stessa parte, amiche e alleate; che il dono andasse insieme al prezzo, che merito fosse un nome nuovo dell'amore, che la grazia-gratuità era utile solo se presente nella giusta (e microscopica) misura, come nei vaccini dove si introduce nel corpo una minuscola dose di virus per immunizzarci da esso.

Le maggiori innovazioni umane sono avvenute quando dentro una religione, una filosofia, una tradizione sapienziale, qualcuno ha spezzato il rapporto economico-retributivo con gli dèi, con gli idoli, con i faraoni e con i re, e ha proclamato un giubileo "di liberazione dei prigionieri". Una di queste grandi innovazioni antropologiche e teologiche è nel libro di Giobbe, il libro biblico che più ha combattuto la logica economico-retributiva della fede. Il libro si apre con una scommessa tra Dio-Elohim e il suo angelo Satan che riguarda esattamente la gratuità. Il Satan, leggiamo nel Prologo, era tornato da un giro sulla terra e, notata la rettitudine di Giobbe, chiede a Dio: «Forse che Giobbe teme Dio per nulla? Tu hai benedetto il lavoro delle sue mani... Ma stendi un poco la mano e tocca quanto ha, e vedrai come ti maledirà apertamente!» (Giobbe 1,9-11). Interessante che l'autore del racconto scelga Satan come esponente della visione "economica" della religione e della vita – una scelta che già in sé dice molte cose. Il Satan sfida Elohim e sfida Giobbe, sfida Dio e sfida l'uomo per provare se è possibile che sulla terra ci sia almeno un uomo che tema-ami Dio «per nulla», cioè gratuitamente, senza una ricompensa, senza essere pagato.

Sappiamo essere buoni e giusti per il valore intrinseco della bontà e della giustizia, o solo perché speriamo in una qualche ricompensa? Siamo capaci di amore puro o, invece, siamo soltanto dentro un registro commerciale di dare-avere? Si comprende allora che il tema della gratuità è profondamente legato a quello della *libertà*: che cosa resta della libertà nostra e di quella degli altri se, in realtà, nel cuore delle nostre azioni c'è un padrone che pagando ci fa fare quello che vuole – il primo a essere liberato in ogni superamento delle religioni retributive, ieri e oggi, è Dio stesso, che finalmente esce dai palazzi dei re e degli imperatori e viene ad abitare in mezzo a noi.

Non stupisce allora che alcune tappe decisive della storia umana siano state scandite da dibattiti, scismi, rivoluzioni che avevano a che fare direttamente con la gratuità. Che cosa è che ci salva *veramente*? Sono i meriti, gli incentivi, l'utile, o è invece qualcos'altro che vale proprio perché *non è* merito, *non è* incentivo, *non è* utile? *Valiamo*, abbiamo una *dignità infinita*, perché ce lo meritiamo, perché siamo utili a qualcuno o a qualcosa, o invece per qualche altra ragione che viene prima di tutto questo? Sta qui, nella sua essenza, la natura di quella dimensione che chiamiamo *gratuità*, che le culture, le religioni e le filosofie hanno declinato in molti modi, ma che al centro ha questa dimensione di non-utile, di non-merito, di non-incentivo. La resistenza costante che le civiltà hanno sempre opposto, fino a tempi recenti, all'affermazione della logica del mercato derivava dall'intuizione, formulata in vari modi, che quando nei rapporti umani scatta il registro mercantile, questo ha una tendenza invincibile a scacciare e a distruggere proprio quel qualcosa di vago, difficile da definire, sottile ed essenziale che si chiama *gratuità*.

L'incentivo è oggi lo strumento principale con il quale il culto capitalistico sta eliminando la gratuità dal mondo degli uomini: grazie a Dio, di gratuità ce ne sarà sempre molta nella natura, nel sole, nel cielo, nella vita degli animali, nella pioggia e nella neve, nei bambini. Ogni culto idolatrico tende, infatti, all'eliminazione di ogni dimensione intrinseca nelle nostre azioni. Finché facciamo qualcosa perché ci crediamo o perché ci piace, non siamo ancora prigionieri degli idoli. L'ideologia dell'incentivo produce esattamente lo svuotamento delle dimensioni intrinseche dell'azione, perché assegnando un prezzo a ogni cosa e a ogni atto, finisce per espellere la gratuità dal mondo. L'incompatibilità tra la gratuità e l'ideologia dell'incentivo non sta nell'opposizione gratis-pagamento (c'è molta gratuità dentro molti rapporti retti da contratti e regolati da prezzi, e ci sono molti servizi resi gratis che non hanno alcuna gratuità). Il conflitto è più radicale, e rimanda esattamente a quella tesi del Satan: non è possibile che le persone facciano cose buone gratuitamente, "senza essere pagati".

La fede nell'incentivo si sta estendendo indisturbata ovunque, perché, paradossalmente, si presenta come una espressione della libertà dei moderni.

Una delle sue ultime conquiste è la cosiddetta *sharing economy*. La condivisione di case, automobili, pasti si presenta oggi come esperienza innovativa e più umana di quelle possibili nei tradizionali mercati e imprese capitalistiche. E alcune lo sono realmente. Ma, come sempre, per capire che cosa sta accadendo anche in questo affascinante e variegato mondo della *sharing economy*, bisogna essere capaci di vedere i suoi effetti non intenzionali, che sono quelli più importanti.

L'essenza della *sharing economy* consiste nel creare nuovi mercati in ambiti precedentemente retti dalla gratuità. Fino a pochi anni fa, per andare in vacanza si doveva scegliere tra un amico che ci ospitava o un hotel. Se volevamo andare a cena fuori, l'alternativa era tra amici, parenti e ristorante. Se dovevamo fare un viaggio potevamo affidarci all'autostop o ai mezzi a pagamento. Due mondi ben distinti e retti da logiche ben diverse: gratuità e profitto. Oggi si sta sviluppando una terza via: per andare in vacanza possiamo essere ospitati anche da famiglie sconosciute; per cenare fuori ci sono persone che organizzano cene per noi; per viaggiare c'è anche una rete che associa domanda e offerta di passaggi in auto; e molto altro ancora: basta pagare qualcosa. Il mercato continua a fare il suo mestiere, offrendo scambi di mutuo vantaggio, che consentono incontri tra persone che non si sarebbero mai incontrate senza questi nuovi mercati collaborativi, che funzionano grazie alla combinazione di socialità e profitto. Un fenomeno che piace molto, perché sembra aggiungere una nuova opportunità lasciando tutto il resto intatto (hotel, amici, ristoranti, treni, autostop...). Allarga l'insieme delle scelte possibili, e quindi espande le libertà delle persone e delle società.

In realtà, il mercato e i suoi attori hanno già capito che l'arrivo di questi nuovi prodotti *low cost* non lascia affatto intatti i mercati precedenti, perché è in atto, anche qui, una "distruzione creatrice" che sta scardinando antichi equilibri e rendite, e che potrebbe creare nel medio periodo un'autentica rivoluzione. E così i protagonisti dei mercati di oggi reagiscono, si preoccupano, e i più scaltri cercano alleanze con questi nuovi soggetti.

Nel secondo ambito coinvolto dalla rivoluzione della *sharing economy*, quello della gratuità o della socialità *sine merito*, tutto tace. Gli interessi dei mercanti sono concentrati, chiari e forti, e così decise sono le reazioni. Gli interessi dei non-mercanti sono invece diffusi, poco visibili e soprattutto molto deboli. Per la gratuità non ci sono organizzazioni di categoria, sindacati, né tantomeno politici di riferimento. E così nessuno si muove. E non ci accorgiamo che anche sull'altro lato della *sharing economy* è in atto una "distruzione creatrice", che avvenendo su beni comuni e senza diritti di proprietà, si compie nell'indifferenza o tra gli applausi, e qualche volta è accolta con lo stesso entusiasmo con cui l'imperatore azteco Montezuma accolse lo spagnolo Cortés, pensando che fosse ritornato il loro dio (*Quetzalcoatl*). Quando il mio vicino di casa inizia a organizzare a casa sua cene a pagamento, ciò che accade è la creazione, invisibile ma realissima, di un "costo opportunità". Anche se non farò il mio *home restaurant*, quella creazione di prezzo agisce anche su di me. Perché quando farò i miei conti per calcolare il costo di una cena con sette amici, non userò il costo di mercato degli ingredienti ma il maggiore "costo opportunità" della cena dei vicini. E magari, un giorno, concluderò che costa troppo, e rinuncerò a questa socialità gratuita, o comincerò a chiedere un prezzo o quantomeno un rimborso spese. Altri continueranno a invitare amici a cena, con lo sconto del 50% sul prezzo della cena simile nell'appartamento accanto. E presteremo la casa a un nostro parente con uno sconto dell'80% sul prezzo corrente nella *sharing economy* delle abitazioni. Noi ci sentiremo generosi, e loro penseranno di aver ricevuto un dono. E i poveri saranno sempre più esclusi dalle case, dai viaggi, dai pasti, emarginati da una cultura che non vuole più nulla e nessuno *sine merito*.

Presto questi nuovi mercati sociali saranno regolati e diventeranno mercati come tutti gli altri. Nel frattempo, però, avremo ancora ridotto il campo della gratuità, e avremo sempre meno amici.

Nel libro di Giobbe, il Satan non vinse la sua scommessa, perché Giobbe fu capace di continuare a essere giusto per nulla, gratuitamente. Per oltre duemila anni la sua vittoria è stata anche la nostra, e siamo stati capaci di invitare a cena qualcuno senza ricompensa.

Ma se domani, un altro angelo farà un altro giro in cerca di qualcuno capace di gratuità, riuscirà a trovare un nuovo Giobbe sulla nostra terra del merito, dell'utile e dell'incentivo?

XI
Violiamo il grande tabù della gratuità

> Anche se il mondo in cui viviamo è meno violento di qualsiasi mondo del passato, questo è solo uno dei suoi aspetti. L'altro aspetto evidenzia esattamente il contrario: uno spaventoso aumento di violenza e minaccia di violenza. Il nostro mondo risparmia più vittime e contemporaneamente uccide più vittime di quanto sia mai avvenuto in passato.
>
> (René Girard, *Violenza e religione*)

La gratuità è il principale tabù del capitalismo. La teme come il pericolo più grande, perché se la lasciasse correre liberamente nei suoi territori ne verrebbe contagiato e il suo veleno ne decreterebbe la morte, oppure – ed è la stessa cosa – lo trasformerebbe in qualcosa di sostanzialmente diverso.

Secondo un'importante tradizione antropologica, l'origine delle civiltà è profondamente legata a due parole: la *violenza* e il *sacro*. Anche la Bibbia fa iniziare la storia umana fuori dall'Eden con il fratricidio di Caino. La morte del mite e giusto Abele, diventa il primo prezzo della fondazione della civiltà umana. Miti fondativi di altre città (ad esempio Roma) narrano simili violenze e omicidi, che a volte hanno gli dèi come complici. Le comunità hanno dovuto imparare a gestire le pulsioni violente degli uomini, per evitare la propria autodistruzione. La creazione dei tabù va inserita all'interno degli strumenti per regolare e controllare le comunità, il suo sacro e i suoi conflitti, per evitare che la violenza diventasse mimetica, ripetuta, esplosiva. Strumenti che le comunità hanno pagato a caro prezzo, perché i tabù sono stati posti su persone e azioni, generando così discriminazioni e persecuzioni nei confronti di chi era oggetto del tabù (donne, lebbrosi, poveri, malati, interi popoli).

Il rapporto tra una comunità e i suoi tabù presenta una radicale *ambivalenza*. Da una parte il tabù è tutto ciò che si deve evitare, che non si può toccare, da cui immunizzarsi per non essere contaminati e contagiati dal suo spirito (il *mana*). E le parole ad esso associate non si devono pronunciare. La terra del tabù non può essere attraversata. Le comunità sono cambiate, morte e risorte secondo il ritmo della creazione, violazione ed eliminazione dei tabù. E, sebbene con modalità tutte diverse, questo stesso ritmo ancestrale della terra continua a scandire anche la nostra storia.

Al tempo stesso, il contenuto del tabù esercita sulle persone un'attrazione fatale, forte, a tratti invincibile: non può essere violato ma (e in quanto) desidereremmo profondamente farlo.[16] Le sue parole sono vietate, ma forte è la tentazione di volerle pronunciare. In base a quello che, per esempio, Freud chiama "il tabù dei dominatori", i re non possono essere toccati dai loro sudditi, un divieto che mira a contrastare la passione-desiderio profonda di uccidere i re e dominatori presente nei membri delle comunità.

Gli oggetti, gli animali, le persone considerate tabù presentano poi una duplice caratteristica: non posso essere toccati ma non possono neanche essere *eliminati*. L'obiettivo della gestione dei tabù non è la scomparsa

[16] È il desiderio di vendetta nei confronti di Caino («Chiunque mi troverà mi ucciderà») che produce il suo "segno" («Nessuno tocchi Caino»): Genesi 4,14.

del tabù, perché se il tabù sparisse porterebbe via con sé anche il confine dell'invalicabile, la comunità si contaminerebbe e quindi si cadrebbe esattamente dentro il "peccato" che il tabù vuole evitare. Il tabù e i suoi segni devono allora essere molto visibili, tutti devono poter riconoscere i suoi totem.

Possiamo capire molto del capitalismo, e in genere, dell'economia, se prendiamo sul serio il suo tabù della gratuità. Il rapporto tra la gratuità e il mercato contiene i tratti antropologici del tabù. Innanzitutto vi ritroviamo la violenza originaria. Le comunità tradizionali, o pre-mercantili, si basavano su due princìpi originari e distinti, sebbene intrecciati: la gerarchia e il dono. La gerarchia era lo strumento per la gestione del potere, mentre il dono regolava la reciprocità nelle famiglie, nei clan, nelle comunità. L'avvento dei mercati nasce sull'uccisione del dono, che deve morire per poter far nascere, sulle sue ceneri, il contratto e lo scambio commerciale, che si caratterizzano proprio per *non essere* dono, non-gratuità. L'economia di mercato non mette in discussione la gerarchia, anzi la radicalizza – tanto che le imprese capitalistiche sono anche il principale luogo, insieme agli eserciti, dove nell'era delle democrazie la gerarchia continua a svolgere una funzione essenziale e tutto sommato accettata socialmente. All'origine del mercato c'è allora una violenza primordiale sulla gratuità-dono (anche se non è avvertita né raccontata come tale dai suoi protagonisti). Anche la violenza di Caino è legata al dono e all'economia. Dio non accettava i suoi doni, una negazione che generò la violenza su Abele, l'eliminazione del fratello fragile che sapeva fare i doni. La gratuità è fragile e vulnerabile come Abele, esposta all'abuso, indifesa e umile. Ma Caino è anche il protettore dei mestieri, il fondatore della prima città, che prende il nome da suo figlio (Enock). E il suo stesso nome ha una forte assonanza con il verbo *qanah*: acquistare. Sempre nel libro della Genesi, poi, la parola «profitto» (*bècà*) fa la sua comparsa all'interno della scena della vendita di Giuseppe come schiavo da parte, ancora, dei suoi fratelli (37,28). La fraternità dei doni è negata dalla comparsa del profitto. A Roma il *numus* (moneta) era il *non-munus* (dono).

Anche la gratuità nel mercato, poi, non può essere profanata ma deve essere visibile e ben in vista. Il confine che ne delimita il suo territorio coincide con i limiti stessi del mercato: la terra del gratuito inizia dove finisce quella del mercato, del contratto, degli incentivi. La gratuità inizia oltre i cancelli dell'impresa, dopo che abbiamo fatto la spesa e torniamo a casa. Tutti devono vederlo, tutti devono capirlo senza il bisogno di discorsi complicati: è sufficiente la vista dei suoi segni e dei suoi totem: cartellini, la durata delle pause pranzo, la gestione degli straordinari, i mansionari, la struttura degli incentivi e soprattutto il *linguaggio*. Le parole del tabù non possono essere pronunciate: guai a pronunciare la parola «dono» o «gratuità» e i suoi sinonimi durante l'ordinario svolgimento del lavoro. Non ci sono libri sul dono-gratuità negli scaffali delle scarne biblioteche aziendali.

Ma, come accadeva in alcune civiltà totemiche, anche qui ci sono alcuni momenti collettivi e rituali stabiliti nei quali l'oggetto intoccabile del tabù può e deve essere toccato, sacrificato, consumato per potersi impadronire della sua forza misteriosa e terribile. E così nelle convention aziendali il dono viene evocato, pronunciato, mangiato, per rimetterlo poi il giorno dopo nel suo tabernacolo inviolabile. Si organizzano iniziative di volontariato dei dipendenti, cene sociali per aiutare i poveri, purché siano attività gestite e regolate dentro i confini rassicuranti delle regole e limitate a quel solo momento controllato. La stessa filantropia e il dono di frazioni infinitesime di profitti per scopi filantropici svolge la stessa funzione: tenere la gratuità vera ben al di fuori dei luoghi del mercato. Questi *donuncoli*, addomesticati, gestiti e controllati, sono nuove bambole vudù, che riproducono le sembianze della persona vera (il dono-gratuità) con la speranza di controllarla e stregarla.

Stiamo arrivando alle ragioni e radici profonde del tabù. La prima si trova, anche qui, nel suo fascino. Anche per la gratuità, come per tutti i tabù, il divieto nasce dal suo desiderio profondo. Nulla desideriamo più del dono: lo bramiamo, ci fa vivere, è la nostra vocazione profonda. E se l'economia è vita, anche nella vita economica il fascino del dono (dato e ricevuto) si sente forte, molto, troppo forte. Ma nulla è più trasgressivo del dono, nulla è più libero. È trasgressivo e libero ovunque, ma nell'ambito economico i suoi effetti sarebbero particolarmente devastanti. Perché spezzerebbe le regole dei contratti, minerebbe la gerarchia. Se le imprese accettassero e accogliessero il registro del dono-gratuità, si ritroverebbero con persone ingestibili, imprevedibili, capaci di azioni non controllabili dalle gerarchie e dagli incentivi, perché libere veramente. Avrebbero a che fare con lavoratori che seguirebbero le proprie motivazioni intrinseche, che travalicherebbero i limiti del contratto – che sono troppo stretti e piccoli per contenere la forza eccedente del dono. Si troverebbero di fronte persone che fuoriuscirebbero dagli organigrammi, dalle *job description*, con molta più vita, quindi con molta più confusione e rumore come accade con le cose vive. E se poi i responsabili delle imprese riconoscessero questo dono come tale, se quindi diventassero riconoscenti nei confronti dei loro colleghi e dipendenti, si creerebbero nelle imprese quella reciprocità libera e quei *legami* forti che sono i tipici frutti dei doni riconosciuti, accettati, ricambiati. Il dono vero chiama per sua natura il riconoscimento e la reciprocità. E così la gerarchia cambierebbe, diventerebbe fraterna e quindi fragile, vulnerabile, esposta come il mite Abele: ma i legami forti, la riconoscenza, la fragilità e la vulnerabilità sono i grandi nemici delle imprese capitalistiche e della loro cultura immunitaria. Così, per evitare i rischi del dono, la cultura e la governance delle imprese semplicemente lo negano, o lo riconducono all'interno del contratto *non riconoscendolo* come dono. È così che il tabù della gratuità rinasce e si rafforza ogni giorno. Le imprese e i mercati si proteggono dalla gratuità per proteggersi dalla propria morte.

Ma c'è ancora qualcos'altro da dire. Negli ultimi anni, il tabù della gratuità è uscito dall'economia e dalle grandi imprese per passare progressivamente e velocemente alla società civile, alle organizzazioni non-profit, all'economia sociale, alle associazioni, ai movimenti, alle comunità. Il tabù si sta espandendo e la casa della gratuità sulla terra diventa sempre più angusta. Le tecniche e gli strumenti di gestione, che fino a poco tempo fa erano un'esclusiva delle sole grandi imprese e banche, stanno entrando in molti luoghi della società civile. Il vero prezzo, quasi sempre invisibile sebbene sia molto alto, dell'ingresso della cultura del management capitalistico all'interno delle organizzazioni civili, dei movimenti, delle comunità, è l'eliminazione progressiva in questi luoghi del dono libero. E così, paradossalmente, il tabù della gratuità si viene a creare proprio nel cuore di realtà nate dalla e per la gratuità stessa.

Chi riuscirà a violare questo grande tabù del nostro tempo? E se qualche profeta lo farà per noi, saremo poi capaci di camminare oltre il mare o torneremo indietro verso la più semplice ed efficiente schiavitù?

XII
L'era del dono parziale

> L'obbligo di reciprocità nello scambio non è una risposta a specifici poteri legati agli oggetti, ma una concezione cosmica che presuppone una circolazione eterna delle specie e degli esseri.
>
> (Marcel Mauss, *Saggio sul dono*)

All'origine dell'ethos dell'Occidente c'è il dono con le sue ambivalenze. Molti miti dell'inizio associano la storia umana al rifiuto degli uomini di stare e rimanere in una condizione di armoniosa reciprocità di doni. I racconti di Prometeo e Pandora ("tutto dono"), o quelli di Adamo ed Eva, ci dicono con linguaggi diversi che gli esseri umani sono incapaci di edificare la propria civiltà sul dono libero. Ma ci dicono anche che esiste un rapporto profondo tra dono e disobbedienza, tra gratuità e autorità, tra libertà e gerarchia. Nell'Eden la sottomissione della donna all'uomo, radice di ogni altra subordinazione sociale, è frutto della loro comune disobbedienza: «Verso tuo marito sarà il tuo istinto, ed egli ti dominerà» (Genesi 3,16). Dal fallimento del primigenio rapporto di reciprocità nasce la prima relazione gerarchica di dominio. E così la gerarchia diventa la principale risposta all'insuccesso della gratuità libera, la sua prima alternativa, il suo primo nemico.

Esiste, infatti, una tensione radicale tra la gerarchia e il dono. La gerarchia mangia i doni dei sudditi, li consuma sotto forma di *sacrificio*: i re, i faraoni, i sacerdoti, pretendono le primizie, vogliono sempre la parte migliore.[17] Ma la gerarchia teme più di ogni altra cosa il dono libero e non orientato ai suoi obiettivi perché non orientabile. Cercare di trasformare il dono-gratuità in cose simili ma innocue è la tendenza-tentazione invincibile di ogni gerarchia, che fa di tutto per togliere dal dono la sua eccedenza ingestibile, il suo pungiglione velenoso perché libero.

Anche i governi delle organizzazioni hanno bisogno della creatività della libertà e del dono, ma vorrebbero solo quella che può (e che deve) rimanere dentro i confini stabiliti e custoditi. E così, nei momenti di crisi vera, quando la gratuità libera sarebbe la prima cosa veramente necessaria, ci si ritrova indigenti proprio di questo essenziale.

Sta quasi tutta qui la *tragedia del dono* nelle imprese e nelle istituzioni. Questa tragedia si manifesta a vari livelli. Le comunità e i movimenti della società civile, non di rado anche le imprese, nascono anche, e in molti casi soprattutto, dalle passioni, dai desideri, dall'eccedenza, dalla nostra voglia di vita, di futuro, di infinito. *Quindi* dalla nostra gratuità. Queste forme associate del vivere sono generate perché qualche persona, almeno una, un giorno vede spazi tutti nuovi e interminati per esprimere fino in fondo la propria personalità e i propri sogni. Vede che c'è un luogo, e quello soltanto, dove gli ordinari limiti che ci sono altrove sono scomparsi, dove le barriere sono cadute, o non le vede più. Tutto diventa possibile. E parte verso l'infinito, anche quando tutto si compie in un sottoscala, o in un villaggio in mezzo alla foresta.

Poi con lo scorrere del tempo gli ideali e le passioni diventano pratiche, nascono le prime proto-istituzioni, si

[17] Zeus condanna Prometeo perché gli offre la parte peggiore del toro squartato.

definiscono i responsabili, si scrivono le regole. Quindi i contratti, i regolamenti, e presto si forma l'inevitabile gerarchia. E così quelle comunità-movimenti diventano via via associazioni, organizzazioni, cooperative, imprese, che per poter funzionare e crescere hanno bisogno di gestire, normalizzare, eliminare e bandire quelle pratiche spontanee e quelle eccedenze che erano state all'origine della prima esperienza. Al fine di poterla gestire e incanalare dentro le regole di governo, per poter coordinare e orientare le azioni verso gli obiettivi istituzionali, diventa necessario uniformare e standardizzare i comportamenti. E muore la libertà dei primi doni. I soli che restano sono i sacrifici per nutrire la gerarchia e i suoi obiettivi, per sfamare la sua fame. Tutto ciò accade non perché il management sia cattivo od ottuso, ma per la stessa *natura* e vocazione della gerarchia, che per svolgere il suo compito deve incoraggiare le componenti più ordinarie, gregarie e addomesticate della creatività e della libertà, e quindi combattere le dimensioni più sovversive e destabilizzanti della gratuità, quelle che però sarebbero essenziali soprattutto nei momenti più importanti e delicati (crisi, cambi generazionali, prove…).

È questa una delle dinamiche più importanti delle istituzioni: una volta che la nostra gratuità ha generato organizzazioni, la dinamica intrinseca e necessaria del loro governo finisce per negare l'espressione e la pratica di quei doni liberi che l'avevano fatta nascere. L'organizzazione "figlia" mangia il dono "padre". È così che terminano molte tra le creazioni collettive più belle, perché il corpo generato dalla gratuità spegne lo spirito originario creativo e libero, il solo soffio che la vita conosce. Questo "teorema di impossibilità" scatta in molte organizzazioni e istituzioni, ma è centralissimo nelle cosiddette Organizzazioni a Movente Ideale (OMI) e quindi nelle comunità spirituali e carismatiche, che molte volte si spengono, appassiscono e muoiono perché la gerarchia e il governo impediscono alle sue risorse di gratuità di operare e quindi di salvare l'organizzazione dalla propria estinzione. Ne abbiamo quotidiana e ampia evidenza.

Alla base della progressiva eliminazione del dono libero, un ruolo chiave lo gioca il processo di trasformazione del *dono* in *incentivo*. Questi sembrano realtà molto diverse. Ma se li guardiamo bene ci accorgiamo che sono concetti confinanti che si assomigliano. I rapporti di reciprocità basati sullo scambio di doni, creano per la loro stessa natura posizioni di debito-credito relazionale che sono altamente generativi e radicalmente complicati da governare. I doni che nascono per rispondere ad altri doni, non essendo mai equivalenti tra di loro, non riescono a compensare e a saldare il debito del primo dono, ma rialimentano il rapporto e riattivano il circuito della reciprocità. Quando, in altre parole, si riconosce un dono ricevuto e si cerca di ricambiarlo con un altro, il secondo non è il primo dono con il segno meno davanti, ma è un atto originario che tiene aperta e rilancia la catena delle reciprocità dei doni.

Ecco perché questa reciprocità, che è stato il primo linguaggio con il quale le comunità si sono incontrate e hanno iniziato a conoscersi, progressivamente ha generato la reciprocità commerciale del contratto. La sua corrispondenza perfetta ed equilibrata, infatti, mira a chiudere un rapporto, mentre la corrispondenza imperfetta e squilibrata della reciprocità di doni ha come scopo mantenere quel rapporto umano aperto, generativo, fecondo, e quindi imprevedibile, capace di sorprenderci e sorprendere, come la vita. Nella reciprocità tra doni il credito creato dal primo dono non viene compensato dal secondo, che resta eccedente, e questa eccedenza diventa madre di nuovi rapporti, alba di nuovi giorni. La compensazione tra doni è impossibile, o quanto meno è sempre imperfetta e parziale, perché non possediamo l'unità di conto per fare i calcoli, perché non li vogliamo fare, e per di più spesso li sbagliamo alimentando dissapori e conflitti. Come in un iceberg, la parte più grande e importante del dono è quella *invisibile*. Ciò che riusciamo a vedere è solo la sua superficie, ma sappiamo che al di sotto dei suoi segni vive un'energia potente, misteriosa, capace di cose straordinarie: può riedificare un'intera comunità ma può anche distruggerla. Questa parte invisibile e oscura del dono è la radice del fascino e della paura che il dono ha sempre esercitato ed esercita su di noi.

Ma – e siamo nel cuore della tragedia del dono – la sua parte sommersa, i calcoli non fatti e i conti che non riportano, i debiti e i crediti che non si compensano tra di loro, sono quanto più odiano le imprese, e in genere le organizzazioni. L'utopia di ogni organizzazione è allora riuscire a ottenere la creatività, la passione, l'energia, la generosità dell'*homo donator* senza le sue ambivalenze, le sue richieste di gratitudine, le riconoscenze, senza legami. Così operano una manipolazione genetica e lo trasformano in *homo oeconomicus*. L'incentivo è il primo strumento per tentare la manipolazione del dono in contratto. I due si assomigliano, un po': l'*homo oeconomicus* è un *homo donator* privato della sua energia originaria, creatrice, destabilizzante e distruttiva.

L'incentivo, se lo osserviamo bene, si presenta realmente come una sorta di contro-dono all'interno di una forma di reciprocità. È quanto il *principale* (proprietà e/o management) "dona" all'*agente* (il lavoratore) in cambio di un dato comportamento fatto a suo vantaggio. Ecco perché qualche economista[18] ha descritto il rapporto di lavoro come uno "scambio di doni", aggiungendo, onestamente, l'aggettivo "parziale". L'incentivo può essere descritto come un contro-dono *parziale*, perché totalmente privato della sua componente libera, per rendere l'*agente* controllabile e gestibile dal *principale*. Non a caso l'incentivo è spesso chiamato dalle aziende (impropriamente) *premio*, al fine di sottolineare simbolicamente la sua dimensione di dono simulato, di dono... *parziale*. Peccato che se c'è qualcosa nella vita umana che non si presta a riduzioni parziali, a essere accorciato, spuntato, tagliato, è proprio il dono. Diversamente da altre realtà viventi, il *dono vive solo se è intero*: se lo riduco, lo dimezzo, semplicemente lo uccido. L'incentivo, presentandosi come dono ridotto e parziale, è in realtà l'anti-dono, l'antidoto che difende il corpo aziendale dal dono vero e libero, che scompare e non c'è più quando ne avremmo bisogno per ripartire, per risorgere.

Le imprese continuano a vivere, a nascere e a rinascere perché tanti lavoratori violano il tabù della gratuità, subendone tutte le conseguenze. Le imprese non lo sanno e non lo vogliono sapere, ma se sono vive e rinascono è perché il tabù della gratuità è ogni giorno profanato da persone libere che non riescono a non donare, nonostante il divieto di farlo. Non riusciamo a non donare perché siamo vivi, e perché gli incentivi sono troppo poco: vogliamo e valiamo molto di più.

Molto tempo fa, il dono generò il mercato. Potrà, un giorno, il dono rinascere dal cuore del mercato?

[18] Tra questi il premio Nobel George Akerlof.

XIII
Quella falsa utilità dell'inutile

> La generosità, la nobiltà sono scomparse e, con esse, la contropartita spettacolare che i ricchi ricambiavano ai miserabili.
>
> (Georges Bataille, *La nozione di* dépense)

Le molte, troppe persone che lavorano poco, male, o niente, non sono il solo sintomo della grave malattia del mondo del lavoro. Un altro suo grave segno di malessere, ancora poco visibile, sono quei lavoratori che lavorano troppo, che dissipano enormi energie nei nuovi riti delle imprese, nuove vittime sacrificali immolate ai nuovi dèi.

Nelle civiltà arcaiche il sacrificio era caratterizzato da una tensione fondamentale tra l'*utile* e l'*inutile*. Il sacrificio è un dono utile e gradito agli dèi-idoli se e in quanto è inutile sul piano umano, se è espressione di una qualche nostra *perdita*. Le offerte sacrificali attivano l'economia divina perché negano l'economia umana. Nella Bibbia il sacrificio perfetto (l'*ōlāh*: far salire) consisteva nell'offerta degli animali migliori, che venivano interamente bruciati, senza lasciare nessun resto utilizzabile dai sacrificanti: «Il sacerdote brucerà il tutto sull'altare come olocausto, sacrificio consumato dal fuoco» (Levitico 1,9). Affinché l'atto del sacrificio sia massimamente utile a Dio deve essere massimamente *inutile* agli uomini, o, meglio, *disutile*. Il sacrificio perfetto è allora associato a una perdita, al puro spreco economico, a quella che il filosofo Bataille chiamava *dépense*. Questa idea è ancora dominante nel significato corrente del termine sacrificio: sacrificarsi per qualcuno, per qualcosa, rimanda a una perdita che il sacrificante subisce a vantaggio del destinatario del sacrificio. Una perdita, una *dissipazione*, che acquista, paradossalmente, una dimensione positiva.

È a questo livello radicale che sacrificio e dono si incontrano. Tra le molte pratiche arcaiche di dono (i cosiddetti *potlàc*: consumare), studiate dagli antropologi nei primi anni del XX secolo, particolarmente interessanti sono quelle caratterizzate dalla *distruzione* del dono di fronte al rivale. Nel popolo tlingit (tra Canada e Alaska), ad esempio, un capo si presentava davanti a un altro capo e sgozzava un certo numero di schiavi. Il rivale, qualche giorno dopo, tornava e sgozzava un numero ancora maggiore di uomini. Queste gare, dove la dimensione dissipativa è assoluta e arcaica, nella loro brutale trasparenza ci fanno intravedere dimensioni analoghe e presenti in modo spurio nel nostro tempo.

Nonostante la novità assoluta nella cultura del sacrificio portata dal messaggio di Cristo, per tutto il Medioevo e oltre questi elementi arcaici del dono-sacrificio hanno continuato a essere ben presenti. Non capiamo quel mondo senza la magnificenza dei ricchi e dei potenti, le grandi spese improduttive per il culto, gli sprechi delle feste patronali e delle processioni, i fuochi d'artificio, vere e proprie gare di doni dissipatori allo scopo di creare e mantenere ranghi e potere nella città, e/o per meritarsi qualche sconto di pena in purgatorio – sono ancora molti, troppi, i *potlàc* dei mafiosi nei nostri paesi e nelle nostre feste.

Nella spiritualità cristiana, poi, è rimasta per secoli l'idea che il sacrificio-dono è gradito a Dio perché espressione di una nostra perdita, di una rinuncia, di un costo.

L'analogia economica usata per intendere la vita spirituale portava con sé necessariamente l'idea di prezzo, e quindi che nel rapporto con Dio per avere qualcosa (grazie, benedizioni...) occorresse *pagare*. E così persino la vita consacrata nella verginità per lungo tempo è stata letta e vissuta come una scelta di grande valore spirituale proprio perché dono-sacrificio della parte più preziosa della persona. Sant'Ambrogio affermava che vergine è «la vittima della castità» (sant'Ambrogio). Per san Gregorio Magno la verginità sostituiva il martirio: «Il tempo delle persecuzioni è passato, ma la nostra pace ha un suo martirio». Un'idea sacrificale, espressione di una *teologia dell'espiazione*, che ritroviamo ancora viva nel Novecento, dove ricorrendo all'immagine dell'olocausto, si incoraggiano le vergini a «perseverare fermamente nel sacrificio e a non sottrarre e prendere per sé una parte anche minima dell'olocausto offerto sull'altare di Dio» (*Sacra Virginitas*, Pio XII, 1954).

La Riforma protestante ha segnato un momento di svolta anche in questa cultura del dono-sacrificio. Lutero individuò nella mentalità sacrificale ancora presente nella chiesa e nella cristianità la principale ragione dell'allontanamento dalla genuinità e novità dell'evento cristiano. E non aveva torto, perché quella cultura del sacrificio-perdita era una continuazione della teologia economica e meritocratica pre-cristiana. Per Lutero non aveva alcun senso cristiano rinunciare all'utile umano sperando in un utile divino: i nostri sacrifici non servono a nulla, perché dall'altra parte non c'è un Dio che è interessato a quelle nostre perdite. Il Dio cristiano non è un idolo affamato. Il paradiso non va guadagnato da noi, perché ci è stato già dato in dono. Da qui anche la sua critica ai conventi, ai monasteri e al valore della vita consacrata in quanto offerta in sacrificio. E anche la condanna degli sprechi vistosi, delle magnificenze dei culti, dei pellegrinaggi, delle feste, dell'ozio, dei lussi.

Tutto ciò che nella vita civile e religiosa era dispendio *inutile* per gli uomini venne interpretato dalla Riforma come sacrificio e quindi come una sbagliata ricerca di meriti spirituali, come comportamento contrario al cristianesimo vero della *sola gratia*. La gratuità dei sacrifici fu vista come una gratuità perversa, perché se è vero che ogni dono è una rinuncia a qualcosa di proprio per il bene di qualcun altro, nel rapporto con Dio questo schema non funziona perché il Dio di Gesù Cristo non ha bisogno dei nostri sacrifici.[19]

E così la *gratuità* di un'azione umana venne letta come la più alta forma di *non-gratuità* spirituale. Questa interpretazione dell'inutilità e perdita intramondana come desiderio improprio di guadagno oltremondano, portò il mondo della riforma a guardare con sospetto la gratuità *tout court*, sia nella sfera civile che in quella religiosa, a considerarla un mercanteggiare sul piano sbagliato. È questa la radice culturale profonda che ha generato l'idea che la gratuità sia qualcosa tutto sommato negativa. O è inutile o è sbagliata, perché non trova una giustificazione né nell'economia umana (dove vige l'utile) né, tantomeno, sul piano spirituale. Una diffidenza profonda che ritroviamo al cuore del capitalismo e del suo tabù della gratuità.

Calvino, poi, con la sua dottrina della predestinazione spinse questa rivoluzione alle sue estreme conseguenze. Dato che gli uomini non hanno alcun potere di modificare l'*economia divina*, le uniche nostre azioni buone e bene-

[19] Perché l'unico sacrificio buono e vero è quello che ha fatto lui per noi dando la vita per amore, una volta per sempre, e la sola reciprocità da parte nostra è la gratitudine per Dio e l'amore per il prossimo.

dette sono quelle orientate all'*economia umana* e ai suoi fini. Il lavoro, la professione, la produzione, prendono così il posto che nella cultura medioevale avevano l'ozio, gli sprechi e la contemplazione, e tutto ciò che non è utile, orientato razionalmente all'utilità, viene condannato. I soli *sacrifici* buoni sono quelli orientati a fini terreni e utili, e quindi anche al lavoro. Un utile economico e lavorativo che non può e non deve diventare un merito per il cielo, ma che è l'unico merito possibile e lodevole sulla terra. L'inutilità, la perdita, il debito-colpa, la pigrizia sono il grande e unico demerito dei singoli e dei popoli. L'utile e il merito, cacciati via dal paradiso, diventano così i sovrani assoluti della terra.

Ma c'è di più. Le pratiche dissipatrici, quegli atti *gratuiti* tanto utili perché inutili, in questi ultimi anni di capitalismo stanno ritornando con sempre maggiore forza e pervasività. Un nuovo culto sacrificale – altro paradosso – nato da quei paesi di cultura protestante e calvinista che tanto avevano criticato l'inutilità e i sacrifici gratuiti.

I potenti hanno sempre usato la *dépense* come strumento per dire e ribadire il proprio potere, e quindi per creare status, per umiliare i sudditi. File interminabili, risposte importanti che arrivano sempre nell'ultimo giorno utile, ritardi intenzionali negli appuntamenti, attese inutili per segnare le distanze... Chiedere e pretendere sacrifici dai sudditi, che non hanno alcuno scopo se non quello di umiliare le persone e rafforzare le gerarchie: pratiche sociali ben note a tutti, ieri e oggi. Ciò accade negli ambienti laici ma anche in quelli religiosi, dove le pratiche inutili al solo fine di rafforzare distanze e poteri sono particolarmente pericolose perché vengono rivestite da una giustificazione sacrale e sono spesso interiorizzate dalle stesse vittime come necessarie e magari buone.

Le grandi imprese, però, si stanno spingendo molto lontano in queste pratiche sacrificali dissipatrici. Riunioni fissate di domenica quando potrebbero essere fatte di lunedì, alle dieci di sera invece che nel pomeriggio, il 24 dicembre e non il 23. Perdite inutili di tempo e di vita, che non hanno nessuno scopo produttivo né di efficienza. Sono pura dissipazione cultuale, *dépense* che i membri dei team si autoinfliggono immersi in questa nuova cultura sacrificale, dove le offerte valgono tanto più quanto più sono inutili e dissipative. Orari insostenibili e inutilmente infiniti, che riducono spesso efficienza e qualità del lavoro, che però servono ad aumentare il valore della vittima offerta in olocausto. Riunioni di lavoro dove si dovrebbe parlare dei problemi del lavorare, e che invece si trasformano in estenuanti riti inutili ma utili per consolidare ruoli e gerarchie. Fino ad arrivare al vero e proprio sacrificio dell'intera vita privata e famigliare, dove rivive il *potlàc* di pura *distruzione*, una *dépense* disutile all'economia aziendale ma essenziale al culto perché segnale di devozione totale e assoluta. Nuovi olocausti.

Doni che diventano poi strumenti di concorrenza e rivalità tra lavoratori e tra aziende, che gareggiano tra di loro usando come linguaggio i propri sacrifici-dono totalmente *gratuiti*, e inutili. Questa gratuità pervertita sta uccidendo la gratuità buona e si sta mangiando quel poco che restava della cultura del lavoro dei secoli passati. E sta oscurando il vero valore che avevano e hanno alcune azioni *inutili*, quello di poter gridare una libertà più grande.

L'umanità ha impiegato millenni per giungere a un'idea di Dio che non ha bisogno di mangiare gli uomini e le nostre cose per essere saziato, placato, abbonito. Ma gli uomini, i potenti, non hanno mai smesso di desiderare di essere Dio. Se non capiamo subito la natura sacrificale neo-arcaica del nostro capitalismo, quando un giorno ci accorgeremo di essere precipitati in un culto perpetuo e assoluto sarà senz'altro troppo tardi. Potremo svegliarci sopra un altare, e le danze e i canti per noi saranno già iniziati.

XIV
Il tempio infinito della cura

> «Questo pomeriggio, tornando giù dalla cava con l'asino carico di breccia, non sei stata avvicinata da un uomo? Non gli hai dato un pezzo di pane?», riprese a domandare il carabiniere. «È un peccato quello di cui mi accusa? Fare la carità è un peccato?». «Non ti sei accorta – riprese il carabiniere – che quell'uomo era un soldato nemico?». «Era un nemico? Che cosa vuol dire?». «E che aspetto aveva?», domandò il carabiniere. «Un aspetto di un uomo», rispose Caterina.
>
> (Ignazio Silone, *Una manciata di more*)

Ora et labora non è soltanto l'immagine e il messaggio del monachesimo. È anche il respiro della nostra civiltà, che si è costituita scandendo tempi diversi, componendo una sinfonia nella varietà dei ritmi, nell'alternanza di suoni e di silenzio. Le parole e lo spirito del lavoro sono diversi da quelli della preghiera, alleati e amici perché a un tempo vicini e lontani, intimi e stranieri. Quando, in quegli antichi monasteri, si tornava dalla vigna e si entrava nel coro, si lasciava un tempo per trovarne un altro. Quello della preghiera e dell'*opus dei*, che aveva un altro scorrere, un altro ritmo, un altro suono. Bucava il tempo storico per toccare, o almeno sfiorare, l'eternità, per tentare di sconfiggere la morte. Riviveva quella prima-ultima cena, quella croce, rotolava ancora la pietra. Quando si varca la soglia per entrare nel *templum*, si diventa un po' signori del tempo, si sente di non essere dominati dal solo *tempus* razionale e spietato, si viaggia liberi tra il primo giorno della creazione e l'*eskaton*. L'*adam* torna a passeggiare nei giardini dell'Eden.

Qualcosa di simile accade al tempo del lavoro rapportato a quello della *cura*. C'è un profondo nesso tra preghiera, contemplazione, interiorità e *cura*. Il tempo, i modi, le parole, le mani, lo spirito della cura non sono quelli del lavoro. Quando torniamo dall'ufficio e giochiamo col nostro bambino, gli narriamo una fiaba o gli cantiamo una filastrocca, usciamo dal registro e dal ritmo del lavoro ed entriamo in un mondo governato da altre leggi e da altri tempi. Quando ascoltiamo un genitore vecchio e malato, quando gli parliamo e sappiamo che la malattia gli impedisce di comprendere le nostre parole sul piano del logos, se ascoltiamo e parliamo con cura sentiamo che ci sintonizziamo su un altro tempo con un altro ritmo; e così continuiamo quel dialogo dell'anima che nessuna malattia può impedire. Quando curiamo una pianta, prepariamo un pranzo, o puliamo semplicemente la casa, nel silenzio diciamo parole importanti agli altri e a noi stessi. Si parla ogni giorno anche facendo trovare colazioni apparecchiate, bagni puliti, piante annaffiate, coperte rimboccate nel sonno. Parole fondamentali anche quando quella colazione apparecchiata è la nostra, perché siamo rimasti soli.

Tutti sappiamo che la cura è un nome diverso del dono. E quindi sappiamo che la cura conserva tutte le bellezze e tutte le ambivalenze dei doni. Perché i doni non sono mai stati tutti uguali. Quelli, ad esempio, celebrati nella sfera pubblica sono stati sempre faccende di reciprocità. I doni-sacrifici agli dèi, quelli ai faraoni, e poi le magnificenze, le donazioni, la filantropia, sono stati associati a qualche forma di *virtù*, e in quanto tali pubblicamente riconosciuti, apprezzati, ricompensati, onorati. Si facevano doni ai grandi, ai potenti, alla città, alla chiesa, e si attendevano benedizioni, grazie, riconoscimenti, applausi, lodi.

Discorso ben diverso, e radicalmente opposto, era quello sul dono all'interno delle mura domestiche, o sotto la tenda della casa. Qui i doni di tempo, di risorse, di vita, di cura non erano certamente minori di quelli nella piazza della città, i loro valori non erano inferiori, la loro presenza non era meno essenziale per poter vivere e per vivere bene. Ma, per molte ragioni,[20] i doni domestici non erano riconosciuti come doni. I nomi che il dono prendeva dentro casa erano soprattutto *dovere* e *obbligo*.

Gli attori del dono-virtù pubblico erano i maschi, quelli del dono-obbligo privato le donne. Nelle società tradizionali gli onori e la gloria del dono spettavano agli uomini, mentre la prima opera di assoggettamento e di subordinazione della donna è stata la negazione e il non riconoscimento dei suoi doni. La maternità, l'accudimento e l'educazione dei bambini e dei giovani, la cura della casa e delle relazioni primarie, erano considerati doveri e obblighi derivanti dall'essere madre, moglie, sorella. Quella libertà di donare che gli uomini sperimentavano nella sfera pubblica e che ne costituiva la sua meritorietà, scompariva nei doni-obblighi delle donne nella sfera privata.

Stesso discorso per i sacrifici. Quelli offerti agli dèi, ai faraoni, ai re, accendevano nei "sacrificanti" crediti. I sacrifici fatti nel mondo del lavoro producevano, come reciprocità, stipendi e salari. Solo i sacrifici fatti dentro casa dalle donne erano semplicemente doveri e obblighi

[20] La maggior parte delle quali riconducibili al potere, alla forza e ai loro strumenti.

derivanti dal loro stato, debiti materni e filiali, debiti coniugali. Non capiamo che cosa è stata nel Novecento la possibilità per le donne di poter accedere al mercato del lavoro di tutti, senza prendere in considerazione il significato di riconoscimento e di reciprocità celato dentro un rapporto di lavoro. Lo stipendio di quelle donne opearie, impiegate, maestre, non era diverso da quello dei mariti e dei fratelli solo perché (in genere) più basso: quella busta paga aveva anche un sapore e un colore di reciprocità, dignità, stima sociale, riconoscimento, onore, che non erano i sapori e i colori che quelle donne conoscevano dentro casa. I lavori degli uomini e delle donne non sono stati mai uguali.

Il mutuo vantaggio e la reciprocità, che abbiamo messo al cuore della vita pubblica e poi del mercato, non è stato il registro principale con il quale le civiltà hanno letto fino a tempi recenti il rapporto uomo-donna, e in generale il contributo delle donne alla vita sociale. Alle donne le civiltà occidentali riservavano l'amore e la riconoscenza, ma non la libera reciprocità né il riconoscimento.

Anche per questa ragione, lo sguardo delle donne sul dono è diverso da quello degli uomini, come è diverso quello sul sacrificio. Tutta la teoria del dono, costruita sul triplice movimento "dare-accettare-ricambiare", se fosse stata scritta da donne avrebbe raccontato un accettare molto meno libero, e un ricambiare molto lontano dalla gratuità. «Io non amo usare le parole sacrificio e servizio – mi confidava qualche tempo fa Jennifer Nedelsky, una filosofa canadese – perché per troppe donne sono state e sono parole associate ad azioni non scelte e piene di dolore.» Tutte le volte che mi trovo a parlare e scrivere di dono, sacrificio, gratuità, servizio, cerco di farlo tenendo fissi davanti ai miei occhi i doni, i sacrifici, la gratuità e i servizi delle mie nonne Cecilia e Maria, contadine, e quelli di mia mamma, casalinga.

Queste esperienze e sguardi diversi hanno ancora importanti conseguenze nel modo di concepire il rapporto tra il mercato, l'assistenza e la cura. Pulire i bagni e spazzare le stanze, curare bambini, malati e anziani, erano attività un tempo affidate ai servi e agli schiavi, poi alle nutrici, balie, cameriere, cuoche. Infine alle mamme, alle sorelle, alle figlie. Mai agli *uomini* liberi o alle donne nobili e benestanti, che quindi hanno sempre guardato le attività di cura come faccende per schiavi, servi, o donne – per capire le diverse esperienze del dono e del sacrificio, la distinzione uomo-donna è utile al 95%, perché c'è sempre stata un'élite di donne che nella cura e nel sacrificio somigliavano più ai loro mariti che alle loro serve.

A un certo punto è nato il "mercato della cura", ma l'esperienza millenaria della cura come regno degli schiavi, dei servi e delle donne (povere) continua a segnare pesantemente la nostra società e il nostro capitalismo. Lo vediamo ovunque. I lavori di cura (sanità, educazione) sono pagati poco perché ancora associati al sacrificio e al dono-obbligo, ancora profondamente condizionati dalla cultura sacrificale senza reciprocità. Il riconoscimento dei lavoratori della cura continua a essere insufficiente, come lo è la nostra riconoscenza nei loro confronti.[21]

La disistima della cura è stata ed è una delle ragioni profonde del malessere che ha accompagnato e accompagna il mondo del lavoro. La cura è una dimensione essenziale

[21] Basti pensare allo status di inferiorità degli insegnanti di sostegno nei confronti degli insegnanti curriculari.

di ogni vita umana buona, ma l'associazione tra cura e servitù l'ha tenuta ben distante dalla sfera pubblica e quindi dall'economia (per non parlare della politica). Colpisce sempre la carestia di cura nelle imprese, negli uffici, che non diminuisce con l'arrivo di molte donne in questi luoghi perché, in genere, è la non-cura del registro maschile a prevalere su tutti e tutto.

La cura continua a essere maltrattata, non stimata, umiliata, oggi non meno del passato. I nuovi schiavi non sono comprati a Lisbona o Nantes, ma sul mercato del lavoro dove uomini e donne ricchi comprano servizi offerti da donne e uomini poveri, che offrono per necessità quella cura che i potenti non amano e disprezzano. Abbiamo combattuto per secoli per eliminare la schiavitù e la servitù dalla sfera politica, e oggi siamo totalmente e colpevolmente silenti di fronte alle schiavitù-servitù che regna nella sfera economica in materia di cura.

Infine, per la forte influenza che la cultura economica esercita sull'intera vita sociale, i valori e le virtù dell'economia e del business stanno cambiando e colonizzando anche il mondo e i tempi della cura. Efficienza, velocità, fretta, stress, meritocrazia, incentivi, entrano anche dentro casa, e distruggono quel poco che restava dei tempi, dei ritmi, delle parole, dello spirito della cura. Varcando la soglia di casa non cambiamo i tempi, non cambiamo spirito, non cambiamo parole. E non buchiamo più il tempo, non assaporiamo l'eternità, non sperimentiamo la libertà che solo il tempo diverso del prendersi cura ci può donare. Il valore economico cresce quando riduciamo il tempo impiegato. Il valore della cura cresce insieme al tempo investito.

Quando riusciamo a entrare nel tempio della cura, le ore nostre e quelle degli altri si espandono, le nostre vite si allungano, la morte di tutti si allontana. Come nell'infanzia, quando le giornate non finivamo mai, e un anno di scuola sembrava eterno. La prima reciprocità della cura è il dono di un tempo più lento e più lungo, è un ritorno al tempo infinito dell'infanzia.

XV
La grande libertà della festa

> Vivete! Vivete la meravigliosa vita che è in voi! Nulla deve andar perduto per voi. Cercate continuamente nuove sensazioni. Non abbiate paura di nulla... Un nuovo edonismo! Di questo ha bisogno il nostro secolo. Potreste esserne il simbolo visibile. Nulla è vietato alla vostra persona. Il mondo è vostro, per una stagione...
>
> (Oscar Wilde, *Il ritratto di Dorian Gray*)

La religione capitalistica vuole abolire la festa. Le ha dichiarato una vera e propria guerra, che si accompagna a un'esplosione di offerta di divertimenti e di svago, che non hanno nulla, o troppo poco, dell'esperienza della festa. È questa un'altra espressione della ormai nota "distruzione creatrice" del capitalismo del XXI secolo, che prima ha eliminato la festa e poi ci vende merci per cercare di sostituirla. Ma non ci riesce, perché la gratuità non si vende né si compra. E così i suoi divertimenti ci lasciano solo un grande vuoto e una grande nostalgia di festa vera, di cui i primi indigenti sono soprattutto i bambini e i ragazzi. Solo una civiltà che conosce i tempi diversi e gli spazi liberi della gratuità può essere una cultura della festa.

La festa è un bisogno primario e fondamentale dell'uomo, della donna, delle bambine, dei bambini, dei malati, dei vecchi. Non si vive a lungo senza far festa. Si può forse sopravvivere, ma quando manca la festa la vita individuale e sociale si intristisce e si spegne. La festa è il bene relazionale per eccellenza, non si può far festa da soli. Da soli ci si può, forse, svagare davanti a TV, smartphones e PC; ma per far festa ci vogliono gli altri, i compagni, i bambini. Nella Bibbia la festa è profondamente legata al settimo giorno, allo *shabbat* (il Sabato). Nel principio della creazione, il primo a far festa fu Elohim stesso, che per poter festeggiare dovette arrivare al termine della creazione, dovette aspettare l'Adam. Anche Dio ha bisogno di compagnia per far festa. Ha bisogno della compagnia della sua creazione, della terra, ha bisogno della nostra compagnia. Se è vero che lo *shabbat* è il grande dono di Elohim alla terra, è anche vero che lo *shabbat* è anche il dono di reciprocità che la creazione fa al suo creatore, perché gli dona la possibilità di riposarsi e fare festa, insieme a noi.

Nello *shabbat* si può e si deve far festa, visitare gli amici e i parenti, pregare e cantare insieme. Lo *shabbat* è la madre di tutte le feste bibliche e della nostra domenica, perché è ricordo-memoria della creazione, dell'Alleanza, e soprattutto della fuga attraverso il mare. Della liberazione dall'Egitto, dalla schiavitù, dai lavori forzati nelle fabbriche di mattoni. Nell'umanesimo biblico, ogni festa è nuova liberazione, è nuovo passaggio del mare, nuovo esodo. È una nuova Pasqua. Il Dio d'Israele è un Dio diverso perché non vuole che gli uomini lavorino sempre. Gli idoli, invece, non conoscono il sabato, non conoscono la gratuità, non conoscono la festa, vogliono un culto perenne e perfetto.

Il culto capitalista si caratterizza per essere una religione-idolatria senza festa. Fino al XX secolo, la cultura del lavoro era stata, con le sue ambivalenze e ombre, una cultura ancora dalla parte della vita e, in Occidente, erede dell'umanesimo ebraico-cristiano, anche perché aveva salvato il confine tra lavoro e festa. Si lavorava molto, si lavorava troppo, ma gli uomini e le donne libere non lavoravano sempre. C'era il tempo del riposo e della festa. Le forze cieche del capitale, avrebbero voluto, come tutti gli imperi, lavoratori-schiavi tutti dediti alla produzione dei loro "mattoni". Ma la politica, le chiese, i sindacati glielo hanno impedito, e così hanno contenuto il capitale dentro limiti sociali e morali.

Nel giro di pochi anni, però, il capitalismo ha drasticamente e radicalmente mutato volto, è diventato qualcosa di molto diverso. Il consumo ha preso il posto del lavoro al centro del sistema economico sociale, e sono saltati tutti i limiti e i confini. Il lavoro ha un suo limite intrinseco: non si lavora sempre anche perché non si può lavorare sempre. C'è la vita al di fuori del lavoro che impedisce al lavoro di diventare attività perpetua. È la fatica connaturale al lavoro il suo primo limite. Il consumo, invece, non conosce questi confini, perché essendo attività di puro piacere non ha un suo limite interno. Tanti, forse tutti, vorrebbero negozi aperti a ogni ora, in ogni tempo e in ogni luogo per soddisfare tutti i bisogni e i capricci. Finché la cultura economica è stata scandita dal lavoro, i negozi restavano chiusi perché il lavoro umano dietro al consumo lo comandava e gli poneva dei limiti. E lasciava tempo e spazio per la festa, non voleva il monopolio né del tempo né dello spazio. Quelle serrande abbassate ricordavano a tutti che la vita è più grande del lavoro e del consumo. A farci indignare e protestare oggi non è il lavoro festivo e pasquale degli addetti agli altiforni nelle imprese industriali, né quello dei poliziotti, né quello degli infermieri e dei medici del pronto soccorso. Questo lavoro non è nemico della festa, e chi incontra questi lavoratori festivi li riconosce ed è riconoscente.

La nostra cultura centrata sul consumo non vede più il lavoro nascosto dietro i consumi, o se lo vede lo assoggetta e asservisce all'idolo sempre affamato. È la sovranità del consumatore la sola sovranità riconosciuta ai cittadini-fedeli del monoculto consumista, che sta seriamente minando la cittadinanza politica. È il lavoro per il consumo idolatrico che nega la festa e nega il lavoro.

Per questo la lotta tra questo capitalismo e la festa è molto profonda e radicale. Le grandi imprese e banche, ad esempio, cercano in tutti i modi di ricreare la forza simbolica ed emotiva della festa, la sua capacità di creare senso di appartenenza, spirito di corpo, senso del "noi". La cultura del lavoro del secolo passato l'hanno creata anche le feste popolari, religiose e laiche, i matrimoni e i battesimi. Le fabbriche e gli uffici hanno usato quel capitale simbolico, sociale e spirituale che ricevevano gratuitamente dalle comunità nelle quali i loro lavoratori crescevano e vivevano. Le liturgie, le processioni, i giorni della memoria dei grandi dolori e delle liberazioni, nutrivano l'anima e tutte le virtù delle persone, che quando lavoravano le donavano alle loro imprese, un valore molto più grande del salario che restituivano. I capitali da cui nascevano i profitti delle imprese valevano (e valgono) molto più dei loro capitali privati. Insieme agli uomini e alle donne, nei cancelli delle imprese entravano valori civili, religiosi, morali, che nessun capitalista ha mai pagato: stava anche qui la radice morale delle tasse, perché nei profitti c'era e c'è molta ricchezza donata alle imprese dalle comunità.

La cultura individualista e consumista del capitalismo del nostro tempo sta spazzando via questi capitali civili e spirituali. Le grandi imprese ne avvertono la mancanza, anche se non ne sanno individuare le ragioni profonde.

E così pensano che una festa aziendale, una convention o l'aperitivo del venerdì pomeriggio possano sostituire capitali formatisi attraverso i secoli. I simboli della festa, senza la verità popolare e povera che li ha generati, producono solo nuovi grifoni e minotauri, ibride creature mostruose.

È ancora troppo presto per capire che la grande carestia alle porte della nostra economia è la carenza drammatica di capitali spirituali, morali e simbolici, dei quali le imprese si sono nutrite ma che si stanno esaurendo più velocemente del petrolio. L'economia di solo consumo vive in un eterno presente, senza radici e senza futuro. Il tempo, però, continua a scorrere sulla terra. Le ferite e le rughe di chi circonda e assedia i templi del consumo attratti dalla stessa promessa e illusione, sono sempre più profonde e dolorose, crescono, riempiono il mondo. E il club degli illusi, incantato dall'elisir dell'eterna giovinezza, non vuole vederle e quindi continua a produrle. Ma, diversamente dal romanzo di Oscar Wilde, il ritratto con le piaghe e le rughe non è nascosto in soffitta: sta sempre di fronte a noi. Sono soltanto i nostri occhi e la nostra capacità di vergognarci a essere finiti in soffitta, per non voler vedere l'immagine reale e bruttissima di ciò che stiamo diventando. Quando inizieremo a guardare le piaghe sul volto degli scartati dal consumo, e ne diventeremo *responsabili*?

In una cultura del lavoro, la Bibbia per annunciare la sua liberazione ci ha donato lo *shabbat* dal lavoro. In una cultura del consumo, lo spirito biblico oggi ci dovrebbe suggerire uno *shabbat dal consumo*, per poter dire all'idolatria del nostro tempo: «Tu non sei dio, io non sono tuo schiavo». Senza un sabato del consumo non ritroveremo più un buon rapporto né con il lavoro né con la festa. Il benedetto giorno in cui decidessimo di liberare un tempo e uno spazio per il non consumo di merci, per fare festa, per celebrare le relazioni, i legami, la gratuità sarebbe l'aurora di una nuova civiltà.

La prima richiesta che Mosè fece al faraone fu quella di lasciare il popolo libero di andare tre giorni nel deserto per festeggiare la *pèsah* (Esodo 5,3), che era un'antica festa della transumanza delle greggi. Il faraone negò quel permesso perché gli schiavi non potevano far festa, perché fare festa è già l'inizio del tempo della libertà. Senza la festa, il lavoro è sempre lavoro schiavistico. E senza un tempo per il non consumo di merci, la schiavitù è perfetta, perché mancando il dolore e la fatica, il consumo ci appare come libertà e non sentiamo più il bisogno della liberazione.

Anche se non siamo più capaci di vederli né di riconoscerli, dietro ai nostri lavori per garantire consumi perpetui ci sono nuovi faraoni che non vogliono lasciarci liberi di "camminare tre giorni nel deserto". Forse perché temono che davanti a noi potrebbe ancora aprirsi il mare, e non torneremmo più.

XVI
Verso un capitalismo vegetale?

> Non solo nel mondo degli affari ma anche in quello delle idee, il nostro tempo sta attuando un'autentica liquidazione. Tutto si ottiene a un prezzo talmente vile, che vien da chiedersi se alla fine ci sarà ancora qualcuno disposto a offrire qualcosa.
>
> (Søren Kierkegaard, *Timore e tremore*)

Che cosa poteva diventare la scienza economica se due secoli fa gli economisti avessero adottato il paradigma vegetale invece di quello animale, meccanico, organicista, biologico? E cosa sarebbe diventata la teoria manageriale se gli studiosi di organizzazioni avessero scelto la metafora della pianta e non quelle militari, sportive, musicali?

L'economia ha sempre cercato modelli esterni ai quali ispirarsi. Dapprima, nel Seicento e nel Settecento, gli economisti scelsero il corpo umano e la circolazione del sangue (i fisiocratici in Francia o Montanari in Italia), poi da metà Settecento iniziò l'enorme successo del paradigma della meccanica newtoniana, già a partire da Galiani, Smith, Genovesi, e poi tutta l'economia moderna da Pareto in poi. Abbiamo anche conosciuto qualche marginale tentativo di adozione del paradigma biologico ed evolutivo, con Spencer, Loria, Marshall tra Otto e Novecento, fino a Georgescu-Roegen negli anni Cinquanta e Sessanta del XX secolo.

Nessun economista ha però mai pensato seriamente di adottare la metafora vegetale, di prendere le piante come paradigma del sistema economico o quantomeno dell'impresa. Ciò che possiamo senz'altro dire è che la scienza e la pratica economica (e quindi lo stare dell'uomo sulla terra) sarebbero stati molto diversi. Vediamo perché.

Circa cinquecento milioni di anni fa le piante hanno iniziato il loro cammino evolutivo diverso da quello degli animali. Si sono distinte sulla base di una scelta decisiva e fondamentale: si sono fermate, sono diventate stanziali, *sessili*, ancorate al suolo, e da questa condizione radicalmente diversa dai mobili animali si sono sviluppate le differenze dagli animali. Come nel Neolitico, quando alcuni uomini diventando stanziali iniziarono a coltivare la terra, a creare città, a formare imperi e religioni, e altre tribù restarono nomadi, conoscendo un minore sviluppo tecnologico, scientifico, religioso e culturale. Due rivoluzioni legate alla scelta di fermarsi e di mettere radici. Ma con risultati opposti, almeno in prima istanza. Fermandosi e ancorandosi al suolo le piante hanno rallentato e sono rimaste più sobrie ed essenziali nel loro rapporto con l'ambiente circostante e con la terra; gli animali, diventando nomadi hanno raggiunto un'enorme efficienza e complessità. La scelta di diventare stanziali di quelle cellule di cinquecentomila anni fa generò minore complessità, la seconda stanzialità degli uomini di diecimila anni fa generò un salto evolutivo nella nostra civiltà. Questa è la versione ufficiale della storia. Ma, come spesso accade, le cose più interessanti cominciano quando si inizia a guardare con attenzione e da vicino a ciò che a prima vista sembra ovvio.

Ciò che è certo è che le piante sono diventate una forma di vita molto diversa da quella animale, talmente diversa che i primi a non capirla siamo noi, animali. Sappiamo che sono vive, ma una vita che ci dice e parla poco. E ci sbagliamo.

Noè, ad esempio, non porta le piante nella sua arca, come se le piante non fossero esseri viventi da salvare, più simili alle pietre o alla terra che a noi. Nella Bibbia, però, le piante sono importanti. Basta pensare alla centralità dei due alberi posti al centro dell'Eden (Genesi 2 e 3), l'*albero della vita* e l'*albero della conoscenza del bene e del male*; oppure alla pianta di ricino che Dio fa crescere per mandare un messaggio al ricalcitrante profeta Giona, al roveto ardente del Sinai, il mandorlo di Geremia, le querce di Manre di Abramo e Sara, al ruolo fondamentale dell'immagine della vigna nei profeti e nei vangeli, al germoglio che rispunta sul tronco tagliato di Jesse, alla splendida parabola (politica) dell'assemblea degli alberi per scegliere il loro re (Libro dei Giudici), o alle molte piante (fico, cedro, ulivo, sicomoro, palma...) che sono entrate da coprotagoniste nella Bibbia e nei vangeli.

Gli studi recenti sulle piante ci stanno dicendo cose nuove e in parte sconvolgenti. Le piante sono come noi, ma non ce ne accorgiamo perché, in genere, corriamo troppo velocemente e siamo distratti. Per poter sopravvivere si sono sviluppate a colonie: ogni parte del loro corpo è importante, ma nessuna è veramente indispensabile. Una mandria di mucche può brucare quasi interamente un prato, ma questo riparte se resta viva una piccolissima parte, magari sommersa dalla terra. La pianta è un organismo collettivo, non è individuo. Per questo è più forte e resiliente durante le grandi crisi. È molto più difficile uccidere una pianta che uccidere un animale.

Questo ancoraggio alla terra è stato un grande svantaggio evolutivo, perché impedisce alle piante di fuggire dai predatori o di spostarsi durante le crisi dell'ambiente circostante (incendi o mutamenti climatici). Stanno lì, ferme e mansuete di fronte a noi – non c'è docilità più radicale di quella di un pesco o di un giunco. Così, nel corso di qualche milione di anni, hanno dovuto imparare a sopravvivere perdendo anche il 50 o l'80% del loro corpo, riuscendo a non morire anche quando vengono divorati e ridotti a poca cosa. Per riuscire in questa operazione che a noi appare come un autentico miracolo, le piante svolgono le loro funzioni vitali *con tutto il loro corpo*. Noi animali abbiamo avuto un grande vantaggio evolutivo sulle piante grazie allo sviluppo di organi, in una forte divisione funzionale. Respiriamo con i polmoni, ascoltiamo con le orecchie, vediamo con gli occhi. Le piante, invece, non avendo organi, vedono, respirano, sentono con l'intera estensione del loro corpo. Noi abbiamo un sistema gerarchico per pensare e decidere, le piante "pensano e decidono" con le foglie, con i rami, col fusto, con le radici. La loro vulnerabilità legata alla sedentarietà le ha portate a spalmare in tutte le loro cellule le loro funzioni vitali. Gli organi specializzati degli animali ci hanno consentito una grande efficienza e un enorme successo cognitivo, che però paghiamo con un'altra grande vulnerabilità: è sufficiente perdere un organo vitale per morire. Nelle piante, invece, una grande vulnerabilità è diventata una maggiore resistenza alla morte.

Per poter vivere in una condizione sessile, le piante hanno dovuto sviluppare molte caratteristiche che non sono meno evolute di quelle degli animali. Comunicano molto velocemente all'interno dell'intero corpo, soprattutto nelle crisi. Tra radice e radice, tra foglia e foglia, e quindi con un'alta efficienza.

Sono quindi basate sul *principio di sussidiarietà* (diversamente dagli animali, dove il collegamento tra stimolo del piede e azione della mano viene mediato dal cervello). Le piante hanno sviluppato fino a venti sensi, quindici più di noi (capiscono e misurano la presenza di umidità, gravità, sostanza chimiche, cambiano il loro odore in base al tipo di ospite, sentono la presenza di campi elettromagnetici...). Oltre a vedere con mille "occhi", a udire con "orecchie", a sentire ed emettere molti odori, a toccare e a essere sensibili al tocco di altre piante e animali, gustano come e più di noi. Il loro primo linguaggio è il loro odore e la decifrazione dell'odore delle altre piante, animali e insetti. Riconoscono i loro parenti, con i quali cooperano invece di competere con chiome e radici: con gli amici collaborano e usano diversamente le loro energie. Fondamentale è il sottosuolo. Hanno una complessa vita sotterranea, a noi invisibile ma fondamentale, dove si sviluppano le radici. Sanno capire se un fungo è un alleato simbiotico o un rivale, e conseguentemente scelgono il mutuo vantaggio o il conflitto. Dormono come noi, e, come noi, quando dormono si mettono nella posizione del bocciolo. Peccato che questa intelligenza ci sia totalmente sconosciuta – o quasi. Nella difesa per la vita hanno una capacità geniale: se attaccati da un insetto emanano un profumo che attrae animali e insetti predatori del loro predatore. Il nettare è prodotto solo come incentivo per attrarre insetti e animali per l'impollinazione: ha solo questo scopo. È questa la più grossa esperienza di eterogenesi dei fini (un po' come il piacere sessuale per gli animali). Esiste una "fedeltà di bottinaggio" ancora misteriosa: un insetto che inizia la giornata su un fiore vi resta tutta la giornata, ottimizzando l'impollinazione utile – che consente, tra l'altro, che possiamo avere miele di acacia o di castagna e non soltanto miele millefiori (una fedeltà di bottinaggio che è possibile grazie alle danze delle api nei favi, che consente alle api bottinatrici di tracciare una mappa per indicare alle altre api dove si trova il nettare). Su queste tematiche i lavori in Italia di Stefano Mancuso – tra questi il saggio *Verde brillante. Sensibilità e intelligenza del mondo vegetale* (2013) o il più recente *Plant Revolution. Le piante hanno già inventato il nostro futuro* (2017) sono un punto di riferimento importante.

Cosa ha da dire l'intelligenza vegetale al mondo economico e delle imprese?

Innanzitutto che l'intelligenza degli esseri umani non è l'unica intelligenza del pianeta. Questo lo sanno bene i contadini e i giardinieri, che ogni giorno vedono e sentono che le piante reagiscono ai tocchi delle loro mani, che il loro comportamento risponde anche a una legge di reciprocità, tra di loro e con noi. Vivono e crescono bene nei nostri giardini e nelle nostre case quando trovano in noi compagni solidali, e appassiscono anche perché assorbono le nostre nevrosi e negatività – la morte di una pianta accanto a noi è sempre un messaggio.

Il business oggi dominante, generato dal modello nordico e degli Stati Uniti nel XIX e XX secolo, si è strutturato sul modello animale: una forte divisione funzionale del lavoro e un ordine gerarchico interno. Questa organizzazione gerarchico-funzionale ha consentito alle imprese capitalistiche di correre molto, di spostarsi in cerca di opportunità, di reagire agli stimoli e ai cambiamenti degli ambienti, di diventare l'organismo di maggiore successo in questi decenni di grande cambiamento climatico, soprattutto se confrontate con le comunità civili e politiche, molto più lente, democratiche, diffuse, ancorate al territorio, o con le imprese medio-piccole del capitalismo latino.

Quel modello di business è il grande vincitore della storia evolutiva globale del nostro capitalismo velocissimo, del tempo a velocità infinita della finanza speculativa. Almeno a prima vista. Le imprese comunitarie, familiari, cooperative, per il loro ancoraggio al suolo e ai territori, per le loro radici, sono state penalizzate nell'ambiente della nostra economia di mercato. Al tempo stesso, si sono sviluppati boschi e foreste meravigliosi: nei distretti del *made in Italy*, piccole e medie imprese che sono state capaci di fare cose immense grazie alla forza delle loro radici e alla bellezza della loro biodiversità di colori e di sapori. Hanno insegnato l'arte del cibo, del vino, del vestire a tutto il mondo: «Guardate i gigli dei campi... Nemmeno Salomone può avvicinarla». Hanno saputo dare ali alle loro radici, facendo volare le loro spore fino agli ultimi confini della terra.

A un certo punto, però, a cavallo dei due millenni, l'ambiente del mondo umano è cambiato drasticamente con l'arrivo di internet e delle reti, che come una sorta di meteorite ha modificato il clima e le condizioni evolutive. Ed ecco spuntare, proprio dal cuore del capitalismo animale anglosassone, imprese che somigliano molto alle piante. La stessa metafora della rete o della ragnatela (web) ci ricorda molto da vicino la vita diffusa dei vegetali, non certamente gli organi e le gerarchie degli animali.

Queste nuove grandi imprese hanno capito che per muoversi nel nuovo tempo della ragnatela c'è bisogno di cambiare prospettiva. Occorre respirare, ascoltare, ricordare, parlare con tutto il corpo: proprio come le piante. Quindi ripensare e stravolgere la rigida struttura gerarchica. Chi oggi vuol sopravvivere e crescere nella nuova economia è sempre più chiamato a evolvere decentrando e spalmando tutte le funzioni (compresa quella imprenditoriale), rinunciando a un controllo gerarchico di tutti i processi e decisioni, attivando e responsabilizzando tutte le cellule del corpo. La nuova economia circolare, ad esempio, potrà rappresentare una vera rivoluzione e non solo un nome per cose in buona parte vecchie, se adotterà un paradigma vegetale.

Se poi guardiamo bene ci accorgiamo che nel capitalismo europeo abbiamo conosciuto e conosciamo imprese organizzate da sempre secondo il paradigma vegetale: sono le cooperative. La forza della cooperazione consisteva e consiste ancora nell'aver sviluppato una distribuzione delle funzioni in tutto il corpo, rinunciando alla rigida organizzazione gerarchica per attivare l'intera compagine sociale. Le cooperative hanno imparato a respirare, sentire, decidere con tutto il loro corpo, e lo hanno fatto ripensando i diritti di proprietà dell'impresa e il suo governo. Essendo ancorate ai territori sono state molto più lente e in genere meno efficienti delle imprese capitalistiche, ma si sono mostrate molto più resistenti e resilienti alle crisi ambientali, esterne e interne. E quando sono morte e muoiono, il loro fallimento dipende spesso dall'aver rinunciato alla metafora vegetale per imitare gli animali più veloci e attraenti, adottando la loro governance e cultura. Hanno voluto emulare il grande business, si sono allontanate dai territori, gerarchizzate, hanno adottato gli stessi strumenti di management e gestione del personale. Ma se le cooperative e le imprese di comunità perdono le loro capacità di utilizzare tutte le cellule per vivere, si ritrovano solo con gli svantaggi dell'ancoraggio al territorio – come una volpe catturata dal laccio dei bracconieri, infinitamente più vulnerabile dell'albero al quale si ritrova legata.

È allora probabile che i protagonisti capaci di abitare efficacemente il "tempo della ragnatela" saranno organizzazioni sempre più diffuse e orizzontali, ma che assomiglieranno alle “vecchie” cooperative. Il *vulnus* delle imprese nella *new economy* della rete è infatti il loro desiderio di cambiare nella cultura e nella governance ma non ancora nei diritti di proprietà né nella velocità né nella sussidiarietà tipica delle piante. I proprietari dei nuovi giganti del web e della *new economy* sono ancora troppo pochi, i profitti (enormi) sono ancora molto concentrati in poche mani. Le organizzazioni piatte ritornano subito verticali quando la proprietà decide che non conviene più. Saranno i diritti di proprietà e quindi la distribuzione della ricchezza sfide decisive del nuovo capitalismo vegetale, temi sui quali oggi non riusciamo a dire quasi più nulla perché continuiamo a pensarli con le categorie del Novecento (e quindi affidandolo ancora alla sola politica e/o alle sole tasse). Finché non inizieremo a pensare a nuove forme di proprietà diffuse nelle nuove “foreste”, continueremo a imitare le piante ma resteremo predatori.

Innovazione sta diventando il nuovo mantra del nostro tempo. Può essere allora utile ricordare che innovazione è parola della *botanica*. La si usa per i germogli e per i nuovi rami. Le innovazioni hanno quindi bisogno di radici, di terreno buono e di una pianta viva. Sono vita che fiorisce, generatività in atto. E quelle innovazioni che diventano cibo, giardini, parchi richiedono anche il lavoro e la pazienza del contadino o del giardiniere, che le accompagnano e accudiscono durante i geli dei duri inverni. È così che il germoglio diventa fiore, la vigna produce buon vino, la pianta di fico torna a generare frutti dopo anni di sterilità, e si salva.

XVII
Il lavoro di domani sarà bello

> La gioia, quando la terra sarà ancora dei poveri e basterà così poco per vivere! Allora torneranno a fiorire alberi. Allora torneremo ad essere amici e canteremo.
> (David Maria Turoldo)

È ormai diventato comune tratteggiare scenari cupi sul lavoro di domani. È urgente discuterli e, possibilmente, arricchirli e rettificarli, perché il lavoro oggi ha bisogno soprattutto di sguardi generosi e di parole realiste ma piene di speranza. Sociologi, filosofi, giornalisti, futurologi, continuano a ripeterci che di lavoro ce ne sarà sempre meno, che nell'età di internet e dell'intelligenza artificiale dobbiamo rassegnarci a lasciare fuori dal lavoro più o meno la metà della gente in età lavorativa. Saranno le macchine a lavorare per noi, noi semplicemente faremo altro, e sopravvivremo grazie alla grande produttività dei robot che consentirà a tutti di ricevere una somma di denaro sufficiente per vivere. I più abili e formati lavoreranno in sinergia con i computer e faranno funzionare perfettamente il sistema economico, che sarà talmente perfetto da non aver più bisogno di noi.

In fondo, qualcuno aggiunge, nelle civiltà passate, i lavoratori veri e propri sono stati sempre pochi: la maggior parte della popolazione era infatti composta da cortigiani, nobili, monaci e religiosi, mendicanti, malati, servi, schiavi o donne che non erano nel mercato del lavoro (anche se hanno lavorato sempre più di tutti).

Altri scenari già più positivi immaginano – sempre in

un quadro di lavoro sempre più scarso – che dovremo ridistribuire il lavoro rimasto, lavorando tutti meno per poter lavorare tutti. La settimana lavorativa si ridurrà così a quindici o al massimo venti ore.

Lavorare come attività prevalente delle persone adulte, sarebbe stata una fase storica durata più o meno un secolo e mezzo in Occidente, e presto torneremo nella situazione che ha caratterizzato l'umanità per millenni. Un'eccezione, una parentesi, un'eclisse, un'anomalia.

Se questo paesaggio fosse davvero l'unico o soltanto quello più probabile, dovremmo davvero essere molto preoccupati. Ma, grazie a Dio, sulla linea dell'orizzonte ci sono colori meno cupi, che fanno pensare e sperare che il tempo di domani sarà bello.

Innanzitutto, dovremmo capire un po' meglio cosa è diventato il lavoro in questo secolo e mezzo *diverso* della traiettoria dell'Occidente. Il lavoro come lo conosciamo oggi non è il frutto di un'evoluzione graduale nei secoli passati. No, il lavoro moderno è soprattutto un'*invenzione*, un'immensa innovazione arrivata da una congiunzione astrale di molti elementi: l'umanesimo, il cattolicesimo sociale, la Riforma protestante, il movimento socialista, la cooperazione, i movimenti sindacali, le ferite dei fascismi e delle guerre. Grazie a tutto ciò in quel breve lasso di tempo il lavoro ha dato vita alla più grande cooperazione che la storia umana abbia mai conosciuto nella sua lunga storia. Lavorando, e riempiendo il mondo del lavoro di diritti e di doveri, abbiamo creato una rete sempre più vasta fino a coprire quasi tutto il mondo. I prodotti e i servizi che popolano la nostra vita sono il frutto di una cooperazione di milioni e milioni di persone. Perché io possa scrivere e voi possiate leggere questo saggio, c'è bisogno della cooperazione di decine di migliaia di persone, se non di più.[22] Non è una cooperazione romantica né carina: a volte lavorare è duro, durissimo, si muore anche lavorando, e si muore anche perché il lavoro è serio e tremendo come lo è la vita. La democrazia è anche questo, un'immensa, implicita, forte, capillare, azione congiunta, che moltiplica le opportunità e la biodiversità economica e civile della terra. Il mercato è questa grande cooperazione, anche quando prende la forma della concorrenza – cooperiamo anche competendo, in modo corretto e leale, sui mercati: uno degli errori teorici e pratici più gravi è contrapporre concorrenza a cooperazione.

Imparando a lavorare, e a lavorare con gli altri, abbiamo orientato le nostre energie e la nostra creatività in modo che potessero fiorire pienamente, e raggiungere e servire un numero sempre maggiore di persone. Noi abbiamo molti modi per esprimere la nostra intelligenza, creatività, amore; ma quando lavoriamo la nostra intelligenza-creatività-amore si esalta, si sublima. Diventa qualcosa di meraviglioso. Mozart ha fatto molte cose nella sua vita, ma quando componeva Mozart era Mozart davvero. Il mio amico Vittorio faceva molte cose, di qualità diversa, ma quando riparava le auto era veramente Vittorio. Io ho imparato a conoscerlo quando ho cominciato a guardarlo lavorare, perché quando lavorava, nella fatica e con le dita nerissime, la sua personalità fioriva, e la sua anima più vera si svelava. Lavorare è anche, e forse soprattutto, un modo adulto di amare, il modo più serio e vero che abbiamo di contribuire al bene nostro e a quello degli altri. Se un giorno tornasse qualcuno

[22] Dalla redazione della casa editrice, alla tipografia, le spedizioni, i furgoni e i treni che trasportano le copie, tutta la rete distributiva, l'energia elettrica, la rete internet, l'industria della carta...

dal passato e mi chiedesse: «Ho solo due ore mostrami la cosa migliore che avete fatto voi umani in questi secoli», non lo porterei in un museo, né in una chiesa: lo porterei con me in un'impresa, in una fabbrica, dove la gente sta dando vita a una grande azione collettiva generativa (e poi salutandolo gli leggerei una poesia che non conosce: l'arte è un'alta forma di lavoro). Abbiamo sconfitto mille malattie, siamo arrivati fino a Marte, semplicemente lavorando, e lavorando molto. E se domani riusciremo a sconfiggere le altre mille malattie, a sfamare tutti, a far studiare bene tutti i bambini e i giovani della terra, lo faremo soltanto lavorando, lavorando molto, lavorando meglio, lavorando insieme. Noi esseri umani, non sappiamo fare di meglio sotto il sole.

Se, allora, dovessimo smettere di lavorare, o lavorare troppo poco, il vero rischio è che orienteremo le nostre energie in attività meno appassionanti, serie, responsabili, difficili, sfidanti, del lavoro, e, forse, riprenderemo a esercitarci troppo nell'arte della guerra.

È a questo livello che va letto anche il grande e urgente tema delle varie forme di reddito di cittadinanza.

Ormai in tutti i paesi occidentali si stanno implementando forme di aiuto economico a chi per qualsiasi ragione non riesce a produrre un reddito sufficiente per soddisfare per sopravvivere in una forma e in modi minimamente decenti. È una buona notizia. Quindi il dibattito serio non deve vertere sul "se" intervenire come società politica in soccorso dei più deboli. Questo dovere etico era ben chiaro ed esplicito già nei primi economisti moderni: «Ogni membro del corpo ha due diritti di esser soccorso dagli altri; il primo de' quali è quello che gli dà la natura, il secondo quel che nasce da' patti sociali» (Antonio Genovesi, 1767). Essere soccorso dagli altri quando si è nel bisogno è quindi un diritto naturale e sociale, e *soccorrere* un dovere.

Le questioni più delicate, controverse e rilevantissime riguardano però *come* legare questo diritto-dovere legittimo al *soccorso* (tramite un reddito garantito) con il diritto-dovere al *lavoro*, *ed* entrambi alla *cittadinanza* (o all'essere una persona semplicemente da soccorrere: non vedo perché limitare gli interventi ai soli cittadini italiani).

Qui ci sono due culture che oggi si fronteggiano, ben diverse tra di loro. L'una vede come primario il nesso reddito-cittadinanza; l'altra (che è anche la mia) dà la priorità al binomio lavoro-cittadinanza. L'ordine logico ed etico tra soccorso-cittadinanza-lavoro cambia in base alla visione che abbiamo della democrazia, del lavoro, della povertà, e in quest'algebra sociale se cambiamo l'ordine dei fattori il prodotto cambia moltissimo. È dentro questo scenario che vanno lette le riflessioni che seguono.

Il lavoro sarebbe essenzialmente un mezzo per ottenere un reddito. Questa è l'ipotesi implicita della prima corrente che quindi dà la priorità al nesso reddito-cittadinanza. Ciò che fonda la cittadinanza, si legge ogni tanto, «non è il più il lavoro, ma il reddito». Il mondo sta cambiando troppo velocemente, il lavoro ancora di più. Diventa tutto molto incerto e fragile, e subordinare il reddito per vivere al lavoro renderebbe fragile l'intera democrazia. Quindi meglio sganciare il reddito dall'eventualità del lavoro, e associarlo all'essere parte di un patto civile. Così, si sente dire e si legge, usciamo dalla logica mercantile e mercenaria del *do ut des*, ed entriamo in quello della fraternità e del dono civili e politici.

Se il lavoro fosse soltanto un mezzo per avere reddito,

la circostanza storica attuale di un lavoro incerto e fragile portebbe facilmente e incontrovertibilmente a cercare un altro meccanismo di distribuzione del reddito, e un meccanismo semplice potrebbe essere un ipotetico "reddito di cittadinanza". Peccato, però, che il lavoro è molto più di un mezzo per avere reddito da consumare. Prima o insieme a questo scopo, il lavoro è almeno altre tre cose. È il cemento della più grande cooperazione che la storia umana abbia mai realizzato nel corso della sua millenaria storia, la società civile ed economica. Milioni di persone si trovano ogni giorno, ogni ora, dentro a un'azione collettiva con altre migliaia, decine di migliaia di persone, semplicemente lavorando, molti reciprocamente sconosciuti, mai reciprocamente indifferenti. Quando non si lavora si è semplicemente fuori da questa immensa, meravigliosa azione collettiva cooperativa e seria. La gente coopera in molti altri modi, ma la vastità, serietà, ampiezza, profondità e generatività della cooperazione lavorativa spicca su tutte come un'aquila. È poi il modo più serio che ho per far fiorire i miei talenti: certo posso farlo in altri modi, ma niente come lavorare dice agli altri e a me stesso chi sono veramente. Infine, il lavoro lega il reddito alla reciprocità: quel denaro mi arriva perché in cambio ho saputo fare qualcosa.

Ci sono poche cose più belle e degne del *do ut des* nel mondo lavorativo. Perché se sgancio il reddito dal mutuo vantaggio tra me e gli altri per cui lavoro, si perde il senso profondo di quel denaro che mi arriva nel conto corrente. Lavorando si imparano i mestieri, si apprendono le competenze, cresce il capitale umano della gente. La scuola e l'università solo in minima parte insegnano arti e mestieri; questi, ieri e oggi, si apprendono semplicemente lavorando, e lavorando in gruppi di lavoro. Un giovane che dopo gli studi rimane a casa, può fare corsi di qualificazione, incontrare mille funzionari dei centri dell'impiego, sostenere colloqui con consulenti e psicologi, ma finché non inizia a lavorare davvero non è competente in nessun mestiere, perché la competenza matura insieme al lavoro. Ecco perché, a differenza delle proposte che oggi circolano, bisogna distinguere molto chiaramente tra disoccupati che perdono il lavoro dopo aver *già lavorato*, e inoccupati che non lavorano perché giovani e devono ancora *iniziare a lavorare*. Per questi ultimi l'erogazione di un reddito senza lavoro deve essere fortemente scoraggiata se non eliminata del tutto, perché soccorrere veramente e seriamente un giovane che non lavora significa soltanto aiutarlo a cercare un lavoro, o aiutarlo a emigrare se non lo trova nella sua regione o nel suo paese.

Il primo dovere etico di un popolo dice: «I giovani dopo gli studi devono andare a lavorare», perché è la sola cosa veramente degna che possono e devono fare, per loro e per tutti. Certo, oggi trovare lavoro è per molti impresa complicatissima. Ma guai a noi se di fronte a questa difficoltà una generazione di giovani si accontentasse di 500 o 800 euro al mese, restando per anni in attesa che arrivi una proposta di lavoro (penso al nostro Sud, dove le offerte di lavoro sono molte meno di quelle necessarie). Il primo messaggio che bisogna dare a un giovane che non lavora è: il lavoro non si attende, né solo si cerca, perché *il lavoro si può creare*, da solo e meglio se con altri.

Non occorre poi dimenticare che le povertà, ogni povertà compresa quella lavorativa, non sono una faccenda di flussi (redditi) ma di capitali, come ormai Amartya Sen e i migliori studiosi del tema ci dicono da decenni. In genere si è poveri perché ci mancano capitali educativi, sanitari, sociali, relazionali, familiari, una carenza di capitali che si traduce poi in carenza di flussi (redditi). Se allora non curo i capitali delle persone e mi limito ad agire sui flussi, mi ritrovo semplicemente un povero con qualche denaro in più, che spesso finisce nei luoghi sbagliati. Diceva a questo proposito un altro economista italiano, duecento anni fa: «La beneficienza senza discernimento non è virtù ma debolezza: dare denari a un giocatore è dare del vino a un ubriaco o una spada a un furioso» (Melchiorre Gioja, 1819). Per curare i capitali occorre che la gente, soprattutto quando è giovane, sia messa nelle condizioni di imparare un lavoro, e poi di svolgerlo, possibilmente secondo i suoi studi, la sua attitudine e vocazione. Ma lavorare sui capitali ha tempi più lunghi di quelli del ciclo elettorale, e quindi si preferiscono scorciatoie dicendo di agire sui redditi.

Infine, un tratto che accomuna un po' tutte le proposte su questi temi, è l'*individualismo*. Si vorrebbe, cioè, provare a curare una malattia così complicata e cronica con il solo medico di famiglia, senza i team delle operazioni chirurgiche complesse. Il grande assente nel dibattito è il ruolo della società civile. Quando negli anni Novanta del secolo scorso dovemmo affrontare l'emergenza del disagio sociale diffuso, a quella crisi l'Italia rispose inventando la *cooperazione sociale*, un'autentica innovazione socio-politico-economica che tutto il mondo ci invidia e alcuni ci copiano. Un'azione collettiva complessa, in linea con la vocazione comunitaria italiana, che includeva *lavorativamente* persone con varie forme di disagio. Non facemmo imprese speciali (come nei paesi che oggi ci vogliono insegnare il reddito di cittadinanza), dove le persone erano intrattenute in lavoretti finti (anche se, come sempre, qualcuno è riuscito a farlo lo stesso, tradendo lo spirito della cooperazione sociale). Facemmo nascere invece cooperative dove la gente lavorava *veramente*, nonostante i limiti fisici e psichici. Così sono nate in questi decenni decine di migliaia di cooperative, centinaia di migliaia di posti di lavoro. Pensare oggi di affrontare seriamente i problemi di milioni di persone, lavorando quindi sui capitali e non solo sui flussi, immaginando un rapporto tra Stato e individuo, mediato da qualche funzionario e ufficio pubblico, è semplicemente utopico. Dovremmo invece favorire la nascita di una nuova stagione di cooperazione sociale. Gli ambiti dove creare lavoro non mancano in Italia, a partire dai beni culturali, artistici, religiosi, turistici, certamente oggi molto al di sotto della loro capacità produttiva. Ma queste soluzioni richiederebbero prospettive di medio periodo, tanto lavoro nell'architettura legislativa, ascoltare l'anima profonda dei territori, coinvolgere seriamente la società civile. Lo abbiamo saputo fare. Perché non riprovarci?

Non è vero che il lavoro finirà. Non dobbiamo né pensarlo né immaginarlo. Chi lo dice sottovaluta l'intelligenza, la creatività e l'amore delle donne e degli uomini. Faremo lavori diversi, molti più servizi e meno catene di montaggio, ma continueremo a lavorare, a cooperare, a volerci bene lavorando. E domani benediremo la tecnologia che ci ha liberato da lavori poco interessanti per poterne fare di migliori. Siamo stati capaci di produrre macchine e robot così intelligenti da poter fare (quasi) a meno di noi, perché abbiamo lavorato molto, insieme, e abbiamo messo nel lavoro la nostra intelligenza migliore. Finché ci sarà qualcuno che si inventerà qualcosa per soddisfare il bisogno di un altro, finché creeremo occasioni sempre nuove di mutuo vantaggio, il lavoro non finirà. E la nostra vera *ricchezza delle nazioni* continuerà a essere la somma dei rapporti mutuamente vantaggiosi che riusciamo a immaginare e poi a realizzare. Finché ci guarderemo gli uni gli altri come portatori di bisogni e di desideri non ancora espressi, e utilizzeremo la nostra meravigliosa intelligenza e il nostro amore creativo ci sarà lavoro: per tanti, forse per tutti.

In questa fase di passaggio epocale sono in molti a predire la fine del lavoro e quindi a immaginare un'economia in mano a molte macchine e a pochissimi uomini e donne, talmente efficienti (macchine e persone) da riuscire a generare ricchezza per una maggioranza di persone che dovrà imparare a vivere bene senza lavorare. Non possiamo controllare le variabili dalle quali dipenderà l'avverarsi o meno di questi scenari, e in quale forme e modi. Certamente il lavoro di domani sarà molto diverso da quello del Novecento. Ma chi ama il lavoro umano (come chi scrive), perché ha visto le eccellenze umane, morali e spirituali che ha procurato (insieme alle inevitabili ferite), perché ha visto e vede che i giovani non hanno sogni più grandi di quelli legati al lavoro che potranno fare, perché vede che dove non è il lavoro a fondare la democrazia arrivano immediatamente rendite e privilegi, oggi non può smettere di parlar bene del lavoro, di dire parole buone, di bene-dirlo. Perché solo stimando e benedicendo il lavoro sapremo trovare soluzioni buone a quando il lavoro si ammala, non c'è o non basta.

È il lavoro che cura il lavoro. Ieri, oggi e – ne sono certo – pure domani. Anche i nostri bambini devono avere, come lo abbiamo avuto noi, il diritto a sognare la cosa più bella che potranno fare da grandi: un lavoro, un mestiere, una professione. Molto diversi dai nostri, ma ancora lavoro, mestieri, professioni.

Bibliografia

Agamben Giorgio (2009), *Il Regno e la Gloria*, Bollati Boringhieri, Torino.

Alter Norbert (2009), *Donner et prendre. La coopération en entreprise*, La Découverte, Paris.

Boltanski Luc e Chiapello Ève (2015), *Il nuovo spirito del capitalismo*, Mimesis, Milano.

Borrello Giovanna (2001), *Il lavoro e la grazia*, Liguori, Napoli.

Bruni Luigino (2007), *La ferita dell'altro. Economia e relazioni umane*, Il Margine, Trento.

Bruni Luigino (2010), *L'ethos del mercato. Un'introduzione ai fondamenti antropologici e relazionali dell'economia*, Bruno Mondadori, Milano.

Bruni Luigino (2012), *The Genesis and Ethos of the Market*, Palgrave-Macmillan, London.

Bruni Luigino (2013), «On virtues and awards: Giacinto Dragonetti and the tradition of Economia Civile in enlightenment Italy», in *Journal of the History of Economic Thought*, 35, pp. 517-535.

Bruni Luigino (2014), *Fondati sul lavoro*, Vita e Pensiero, Milano.

Bruni Luigino (2015), *Il mercato e il dono. Gli spiriti del capitalismo*, Egea, Milano.

Bruni Luigino (2016), *La sventura di un uomo giusto. Una rilettura del libro di Giobbe*, EDB, Bologna.

Bruni Luigino (2017), *Una casa senza idoli. Qoèlet, il libro delle nuove domande*, EDB, Bologna.

Bruni Luigino e Porta Pierluigi (2003), «Pubblica felicità and Economia civile in the Italian Enlightenment», in *History of Political Economy*, 35 (1), pp. 361-385.

Eliade Mircea (1956) [2006], *Il sacro e il profano*, Bollati Boringhieri, Torino.

Frank Robert (2016), *Success and Luck: Good Fortune and the Myth of Meritocracy*, Princeton University Press, Princeton.

Frey Bruno S. e Gotte Lorenz (1999), *Does Pay Motivate volunteers?*, Unpublished manuscript, Institute for Empirical Economic Research, University of Zurich, Zurigo.

Frey Bruno S. (1997), *Not just for the money* (trad. it. *Non solo per denaro*, Bruno Mondadori, Milano 2005).

Gregory Brad (2014), *Gli imprevisti della Riforma. Come una rivoluzione religiosa ha secolarizzato la società*, Vita e Pensiero, Milano.

Herzog William R. (1994), *Parables as Subversive Speech: Jesus as Pedagogue of the Oppressed*, Westminster John Knox Press, Louisville (KY).

Hirschman Albert O. (1979), *Le passioni e gli interessi. Argomenti politici in favore del capitalismo prima del suo trionfo*, Feltrinelli, Milano.

Mancuso Stefano e Viola Alessandra (2013), *Verde brillante. Sensibilità e intelligenza del mondo vegetale*, Giunti, Firenze.

Mancuso Stefano (2017), *Plant Revolution. Le piante hanno già inventato il nostro futuro*, Giunti, Firenze.

Marx Karl [1867] (1954), *Il capitale*, UTET, Torino.

McCloskey Deirdre (2006), *The Bourgeois Virtues: Ethics for an Age of Commerce*, University of Chicago Press, Chicago.

Michels Robert (1918), *Economia e felicità*, Società Editrice Libraria, Milano.

Nelson Robert H. (2004), «What is economic theology?», *Princeton Seminary Bulletin*, (New Series), 25 (1), pp. 58-79.

Schmitt Carl (2010) [1923], *Cattolicesimo romano e forma politica*, il Mulino, Bologna.

Sen Amartya (2000), «Merit and Justice», in *Meritocracy and Economic Inequality*, ed. by Kenneth Joseph Arrow, Samuel Bowles, Steven N. Durlauf, Princeton University Press, Princeton, pp. 5-18.

Taylor Charles (2009), *L'età secolare*, Feltrinelli, Milano.

Todeschini Giacomo (2004), *Ricchezza francescana. Dalla povertà volontaria alla società di mercato*, il Mulino, Bologna.

Todorov Tzvetan (1998), *La vita comune*, Nuova Pratiche Editrice, Milano.

Van Eck Ernest (2016), *The parables of Jesus the Galilean: Stories of a social prophet*, Cascade Books, Eugene (Or).

Weber Max (1965) [1904-1905], *L'etica protestante e lo spirito del capitalismo*, Sansoni, Firenze.

Indice dei nomi

Abele 95, 97, 100
Abramo 133
Achille 50n
Adamo 103
Agostino sant' 42, 57, 60
Akerlof, George 108n
Alaska 110
Alter, Norbert 39, 39n
Ambrogio sant' 111
Antiloco 50n
Archelao 49n

Bataille, Georges 109
Becattini, Giacomo 81
Benjamin, Walter 43
Boltanski, Luc 11

Caino 95, 96n, 97
Calvino, Giovanni 112
Canada 110
Caronte 84
Chiapello, Ève 11
Chiaravalle, Bernardo di 89
Cicerone 42
Coelho, Paulo 75
Cortés, Hernán 93
Cristo 58, 89, 110

Dallas, città 9
Dio 26, 28, 31, 41, 44, 53, 57, 60, 69, 76, 78, 82, 90, 91, 97, 109, 110, 111, 112, 112n, 114, 115, 126, 133, 142
Durkheim, Émile 30

Eden 95, 103, 118, 133
Egitto 126
Eliade, Mircea 7
Elohim 82, 90, 126
Enock 98
Europa 8, 13, 59, 60, 61, 82, 83
Eva 103

Francia 131
Freud, Sigmund 96

Galiani, Ferdinando 131
Genovesi, Antonio 18, 19, 131, 144
Georgescu-Roegen, Nicholas 131
Geremia, profeta 69, 133

Gerusalemme 82
Gesù 43, 49, 52, 53, 54, 55, 58, 76, 112
Giobbe 58, 68, 76n, 90, 94
Gioja, Melchiorre 148
Giona, profeta 133
Girard, René 95
Giuseppe, patriarca 98
Gregorio Magno san 111
Gresham, legge di 65
Grévin, Anouk 39

Ha-Levi, Yehuda 73
Herzog, William R. 53

Isaia, profeta 75
Italia 131, 136, 148, 149

Kieregaard, Søren 131

Lisbona 25, 122
Loria, Achille 21, 131
Luca, Vangelo di 49, 49n, 53, 54
Lupi, Sofia 65
Lutero 57, 111

Mahler, Gustav 74, 75
Mancuso, Stefano 136
Manzoni, Alessandro 13n
Marco, Vangelo di 75
Marshall, Alfred 131
Marte, pianeta 144
Marx, Karl 8
Matteo, Vangelo di 49, 49n, 50, 54, 59
Mauss, Marcel 103
Milano, città 9
Montanari, Geminiano 131
Montezuma, imperatore 93
Mosè 69, 130
Mozart, Wolfgang Amadeus 143

Nairobi, città 9
Nantes, città 122
Napoli, città 25
Nedelsky, Jennifer 120
Newton, Isaac 8n
Nietzsche, Friedrich 27
Nilo, fiume 84n

Omero 50n

Palestina 50, 53, 54
Pandora 103
Paolo, san 58, 60, 76
Pareto, Vilfredo 131
Pelagio 57
Pio XII 111
Prometeo 103, 104n

Quetzalcoatl, dio azteco 94

Respighi, Ottorino 74, 75
Roma 95, 98

Santiago di Compostela, città 62, 87
Saint-Simon, Claude-Henri de 8, 9, 12
Salomone, re d'Israele 137
Sara, moglie di Abramo 133
Satan 90, 92, 94
Sen, Amartya 147
Seneca 89
Siberia 9
Silone, Ignazio 117

Smith, Adam 131
Spencer, Herbert 131

Tommaso, Vangelo di 75
Turoldo, David Maria 141

Valkenburgh, Shawn Van 68

Weber, Max 8
Weil, Simone 35, 57
Wilde, Oscar 125, 129

Zeus 104n

Indice

Introduzione. Critica della ragione manageriale 7
I. Una nuova distruzione creatrice 21
II. Attenti al pifferaio magico 27
III. Torniamo a rivedere il lavoro 35
IV. Gli idoli non sono sazi mai 43
V. La parabola dei talenti e la condanna dell'economia parassitaria 49
VI. I tristi imperi del merito 57
VII. La meritocrazia spirituale dei leader 65
VIII. La bella laicità della strada 73
IX. L'epoca della moneta onnipotente 81
X. La socialità a buon mercato 89
XI. Violiamo il grande tabù della gratuità 95
XII. L'era del dono parziale 103
XIII. Quella falsa utilità dell'inutile 109
XIV. Il tempio infinito della cura 117
XV. La grande libertà della festa 125
XVI. Verso un capitalismo vegetale? 131
XVII. Il lavoro di domani sarà bello 141
Bibliografia 151
Indice dei nomi 155

FSC
www.fsc.org
MISTO
Carta da fonti gestite
in maniera responsabile
FSC® C115118

Stampato presso Elcograf S.p.A.
Stabilimento di Cles